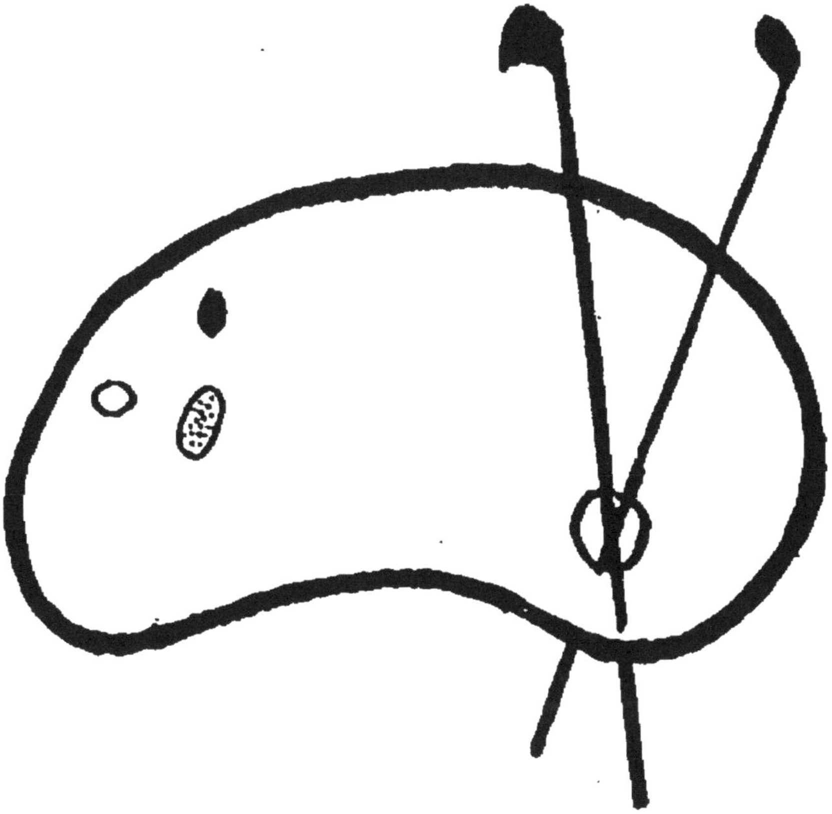

COUVERTURE SUPERIEURE ET INFERIEURE
EN COULEUR

SERVICE DE LA POLICE JUDICIAIRE.

CARNET
AIDE-MÉMOIRE
DU
GENDARME

PAR

M. BERNEDE
Président de Cour d'appel

4e ÉDITION
MODIFIÉE ET COMPLÉTÉE JUSQU'A CE JOUR

PARIS
LÉAUTEY, IMPRIMEUR-LIBRAIRE DE LA GENDARMERIE
Rue Saint-Guillaume, 23.
1876.

AVIS IMPORTANT.

Abréger et faciliter le travail des gendarmes lorsqu'ils ont à constater des crimes, des délits ou des contraventions, tel est le but de cet ouvrage.

L'auteur n'a pas la prétention d'apprendre aux gendarmes ce qu'ils savent déjà, ou ce qu'ils peuvent trouver dans les excellents ouvrages dont ils disposent, mais bien, prenant en considération leurs connaissances acquises, de les rappeler à leur mémoire sous une forme claire, précise et méthodique, au moment où ils en ont besoin.

Il a voulu qu'en jetant un coup-d'œil sur son livre, le gendarme qui le possède s'assure immédiatement de la nature et de la qualification de l'infraction qu'on lui dénonce ou qu'il découvre, pour relever toutes les constatations les plus minutieuses et rédiger ensuite un procès-verbal complet devant lui éviter des reproches, des suppléments d'enquête, des courses et des écritures inutiles.

Des annotations mises en marge de l'énonciation de chaque nature de crime ou de délit permettent au gendarme qui ne se trouve pas suffisamment éclairé, de se reporter sur-le-champ au texte de la loi pénale, au décret du 1er mars 1854, à ses ouvrages et à ses instructions.

SOMMAIRE

DES

MATIÈRES CONTENUES DANS L'OUVRAGE.

CHAPITRE Ier.

DE LA POLICE JUDICIAIRE.

CHAPITRE II.

DES CRIMES, DÉLITS ET CONTRAVENTIONS.

CHAPITRE III.

CHAPITRE IV.

Abréviations :

D. G...... Décret du 1er mars 1854
C. p...... Code pénal.
Cass...... Cour de cassation.
L......... Loi.
C. inst. cr. Code d'instruction criminelle.
C. m...... Code militaire.
C. f...... Code forestier.

CARNET
AIDE-MÉMOIRE
DU
GENDARME.

CHAPITRE Ier.
De la police judiciaire.

SECTION 1re.

La police judiciaire a pour objet de rechercher les crimes, délits et contraventions, d'en rassembler les preuves et d'en livrer les auteurs aux tribunaux chargés de les punir. (*Art.* 238 *D. G.*)

1. Sont officiers de police judiciaire, auxiliaires du procureur de la République, les officiers de gendarmerie, les juges de paix, commissaires de police, maires et adjoints.

Les sous-officiers de gendarmerie et les gendarmes, sans être officiers de police judiciaire, en sont les agents les plus actifs.

Leur mission consiste à dresser procès-verbal des crimes, délits et contraventions de toute nature qu'ils découvrent, des crimes et délits qui leur sont dénoncés, des événements importants dont ils ont été témoins, de tous ceux qui laissent des traces après eux et de toutes les déclarations quelconques qui peuvent fournir des indices sur les crimes et délits qui ont été commis; enfin de toutes les arrestations qu'ils ont opérées. (*Art.* 488 *D. G.*)

2. Les procès-verbaux en matière de crime ne valent que comme dénonciation ou renseignements: ils n'ont force probante qu'en matière de contraventions ou de délits spéciaux, tels que ceux de chasse, douane, poste, etc. (*Cass.*, 8 *nov.* 1838.)

3. *Affirmation.* — Tous en sont exempts. (*L. du* 17 *janv.* 1856.)

4. *Enregistrement et timbre.* — 1° En sont affranchis, les procès-verbaux en matière de crimes et de délits, ou qui constatent des faits ne donnant lieu à aucune poursuite.

2° Y sont soumis, les procès-verbaux relatifs à des contraventions de simple police et ceux concernant des contraventions aux règlements de police ou d'imposition qui sont du ressort des tribunaux correctionnels, tels que chasse, poste, douane, délits ruraux, etc. (*Art.* 70 *L.* 22 *frim. an* VII. — *Circ. G. des Sc. des* 24 *sept.* 1823 *et* 24 *mai* 1863.)

5. *Prescription.* — L'action publique se prescrit pour : 1° Les crimes après dix ans ; 2° les délits après trois ans ; 3° les contraventions après un an à compter du jour où ils ont été commis. (*Art.* 637, 638 *et* 639 *C. inst. cr.*)

Les délits forestiers, de pêche et de chasse se prescrivent après trois mois. Les délits ruraux et de grande voirie, après trente jours.

Un procès-verbal ne doit pas comprendre plusieurs crimes ou délits distincts, à moins qu'il n'y ait connexité entre eux et qu'ils aient été commis par les mêmes individus.

Section 2.

DROITS ET DEVOIRS DE LA GENDARMERIE.

Selon qu'il y a ou non flagrant délit, les droits et devoirs de la gendarmerie sont différents :

1° *Crimes et délits flagrants.*

6. Il y a flagrant délit lorsque le crime vient de se commettre ou se commet actuellement, ou lorsque le prévenu est poursuivi par la clameur publique; quand, dans un temps voisin du délit, un individu est trouvé nanti d'instruments, d'armes ou autres objets faisant présumer qu'il en est auteur ou complice. (*Art.* 249 *D. G.*)

Un crime est toujours flagrant dans les vingt-quatre heures de sa perpétration et même au-delà de ce temps, selon les circonstances. (*Carnot*, *p.* 231.)

L'art. 250 du *D. G.* déclare qu'une infraction, punissable de peines correctionnelles, ne peut constituer un flagrant délit. Si cela est vrai en principe, dans la pratique le contraire a prévalu, car, dans le début de la découverte d'une infraction quelconque, il est souvent impossible de préjuger si le fait est un crime ou un simple délit, et, faute d'agir sur-le-champ, un coupable échappe, un crime est consommé, et des pièces à conviction disparaissent.

On peut donc agir en flagrant délit dès qu'un fait est de nature à constituer un crime, quoique en réalité il ne devienne qu'un simple délit.

La gendarmerie, quand il s'agit d'un crime emportant la peine capitale ou une peine perpétuelle, tel qu'assassinat, meurtre, pillage, incendie, infanticide, rébellion armée, vol à main armée, etc. prévient sur-le-champ le commandant d'arrondissement et le procureur de la République.

Ensuite elle se rend immédiatement sur les lieux, en se faisant assister, si elle le peut, d'un officier de police judiciaire. Avant l'arrivée des magistrats, elle s'empresse de rechercher et de relever toutes les traces matérielles, et veille à ce que personne n'y touche ; celles qui sont fugitives, comme les empreintes sur le sol, elle les mesure et les décrit avec le plus grand soin et elle applique, si elle le possède, l'objet qu'on croit devoir s'y adapter.

Elle saisit ou recherche les instruments du crime; s'entoure de tous les renseignements préliminaires indispensables auprès de tous ceux qui ont eu connaissance directe ou indirecte du crime. — Elle arrête les auteurs du crime ou ceux que de graves soupçons désigneraient comme tels. — Ils sont fouillés immédiatement (les femmes par des femmes requises à cet effet). Selon la nature du crime, les différentes parties du corps, les mains, les ongles doivent être examinés attentivement. Si le coupable est en fuite, il faut le rechercher et le poursuivre sans relâche.

Quand le crime ou le délit n'est pas assez grave pour motiver la présence, soit du procureur de la République, soit de ses auxiliaires, les gendarmes reçoivent immédiatement les déclarations de la victime et de toutes les personnes qui peuvent donner des éclaircissements sur l'affaire. En s'efforçant tout d'abord de connaître le mobile du crime, ils seront souvent sur la voie d'en découvrir l'auteur.—Quand la description des lieux est nécessaire, il faut la faire d'une manière très-compréhensible et au besoin en dresser un plan, ou mieux copier à la mairie la partie du plan cadastral nécessaire, en y mettant les explications propres à bien faire connaître l'état des lieux.

Si l'inculpé cherchait à établir un alibi, c'est-à-dire prétendait être dans un endroit qu'il désigne, au moment du crime, il faudrait sans retard contrôler ses allégations, afin de ne pas donner le temps, soit à lui-même, soit à ses parents, soit à d'autres personnes, de s'entendre ensemble et de combiner un système de défense.

9. *Arrestation.* — En cas de flagrant délit, quand le fait est de nature à pouvoir constituer un crime, ou dans les cas énumérés ci-après (*V. chap. 3, sect. 4*) la gendarmerie peut arrêter le coupable sans réqui-

sition, et le conduire devant le procureur de la République. (*Art.* 106 *C. inst. cr.* — *V. art.* 276 *D.G.* Si les circonstances le nécessitent, toute personne peut être requise pour assister la gendarmerie, et en cas de refus, procès-verbal doit être dressé contre elle. (*Art.* 474, § 12, *C. p.*)

10. *Visites domiciliaires.* — La gendarmerie ne peut jamais pénétrer dans le domicile d'un citoyen sans son consentement ou sans être assistée d'un officier de police judiciaire. (*Art.* 49 *et* 50 *C. inst. cr.*) — Ces opérations demandent du soin, de la réserve et de la discrétion. Elles ont lieu pendant le jour, de 6 heures du matin à 6 heures du soir, du 1er octobre au 31 mars, et de 4 heures du matin à 9 heures du soir, du 1er avril au 30 septembre. Commencées de jour, elles peuvent être continuées la nuit.

La gendarmerie peut pénétrer la nuit dans tous les lieux ouverts ou publics, cafés, spectacles, boutiques, lieux de débauche, etc. (*L.* 22 *juill.* 1791), et en cas de réclamation de l'intérieur d'une maison, ainsi que dans le cas d'incendie, d'inondation ou de calamités publiques. (*L. du* 28 *germinal an* VI, *art.* 131.) — En cas d'absence, on fait ouvrir les portes par un serrurier, et quand on éprouve un refus ou de la résistance, on peut employer la force. (*Cass.*, 30 *septembre* 1833.)

11. *Pièces à conviction.* — Elles doivent être saisies, scellées et remises au greffe à moins qu'elles ne soient trop volumineuses ou de nature à se détériorer très-promptement.

Section 3.

2° CRIMES NON FLAGRANTS ; DÉLITS FLAGRANTS OU NON FLAGRANTS.

12. De quelque manière que la gendarmerie ait connaissance d'un crime ou d'un délit, que ce soit directement, par plainte ou dénonciation, par la clameur ou la notoriété publique ou autrement, elle doit en vérifier la réalité et en constater la matérialité.

A cet effet, elle se transporte sur les lieux si le fait le nécessite. Le délit ou le crime étant bien établi par les déclarations des témoins ou par les constatations matérielles, ainsi qu'il a été dit *page 8*, elle recherche les auteurs. Ceux qui sont connus ou seulement soupçonnés, sont interrogés immédiatement, et leur allégations contrôlées sont consignées dans le procès-verbal, qu'elles soient de nature même à justifier l'auteur ou à atténuer sa faute. Quand l'inculpé fait un aveu et qu'on craint qu'il ne le rétracte, on peut le lui faire répéter devant des témoins ou l'engager à signer le procès-verbal. Il en est de même pour les témoignages reçus. On ne peut jamais contraindre un témoin à signer sa déclaration.

13. *Hors le cas de crime flagrant*, la gendarmerie ne peut, sans être porteur d'un mandat régulier, procéder à d'autre arrestation qu'à celle des individus qui sont désignés, *chap. 3, sect. 4*.

Si cependant le crime était très-grave, le coupable bien désigné, dangereux ou sur le point de fuir, la gendarmerie devrait le garder à vue, prévenir le procureur de la République et attendre ses ordres.

Les perquisitions ou visites domiciliaires, dans le cas qui nous occupe, ne peuvent avoir lieu, lorsque le propriétaire n'y consent pas, que par un officier de police judiciaire, en vertu d'une délégation du juge d'instruction. (*Art. 88 et 89 C. inst. cr.*)

SECTION 4.

3° DE LA TENTATIVE DES CRIMES ET DÉLITS.

14. La gendarmerie doit s'attacher non-seulement à constater les crimes consommés, mais encore la tentative de ces crimes, parce que la loi la réprime avec la même sévérité.

Pour être punissable, la tentative doit être manifestée par un commencement d'exécution, et n'avoir manqué son effet que par des circonstances indépendantes de la volonté de son auteur. (*Art. 2 C. p.*)— Exemple : *Un voleur pénètre dans une maison, ouvre un tiroir et, au même instant, entendant du bruit, prend la fuite.* — Voilà une tentative bien caractérisée.

Il importe donc, dans les procès-verbaux de ce genre, de bien constater le commencement d'exécution, et de faire ressortir, dans les moindres détails, les circonstances indépendantes de la volonté de l'auteur qui l'ont arrêté dans la perpétration de son crime.

15. Les tentatives de tous les *crimes* sont punissables.

Les tentatives des *délits* ne le sont que lorsque la loi l'a formellement exprimé ; ces cas sont les suivants :

1° Tentative de corruption de fonctionnaire. (*Article* 179 *C. p.*)

2° Tentative d'évasion de prisonniers. (*Art.* 241, 243, *C. p.*)

3° Tentative de vols dans les champs, de bestiaux, de récoltes. etc. (*Art.* 388 *C. p.*)

4° Tentative de détournements d'objets saisis. (*Art.* 400 *C. p.*)

5° Tentative de vols simples. (*Art.* 401 *C. p.*)

6° Tentative d'escroquerie. (*Art.* 405 *C. p.*)

7° Tentative de tromperie sur la quantité de la marchandise vendue. (*L.* 27 *mars* 1851 ; *L.* 5 *mai* 1855.)

8° Tentative de coalition. (*Art.* 414 *et* 415 *C. p.*)

SECTION 5.

4° DE LA COMPLICITÉ.

16. La gendarmerie doit porter son attention sur les *auteurs directs* des crimes ou délits, et rechercher avec soin les *complices*.

Il y a trois sortes de complices : les complices par *provocation*, par *assistance* et par *recélé*.

Les complices par *provocation* sont ceux : 1° qui, par dons, promesses ou menaces, machination ou artifices coupables, ont provoqué à commettre un crime ou un délit, ou donné des instructions pour le commettre (*Art.* 60 *C. p.*) ; 2° qui, par des discours, cris ou menaces, proférés dans des lieux ou réunions publiques, par des écrits, imprimés, dessins, gravures, emblêmes, placards, affiches, vendus, distribués ou exposés dans des lieux ou réunions publiques, auront provoqué l'auteur de tout crime ou délit à le commettre. (*Art. 1 L. du 17 mai 1819*) *Dans le premier cas, la provocation a lieu dans l'ombre, il importe de bien indiquer ses caractères essentiels, tandis que, dans le second cas, elle se produit au grand jour et l'élément de la* publicité *doit ressortir du procès-verbal.*

Les complices par *assistance*, sont ceux qui ont procuré des armes ou instruments qui ont servi au crime, sachant qu'ils devaient y servir, ou bien ceux qui ont aidé l'auteur de l'action dans les faits qui l'ont préparée, facilitée ou consommée. (*Art. 60 C. p.*) Tels sont ceux qui fournissent les armes, le poison, l'échelle, les instruments pour commettre le crime, qui retiennent la personne menacée, font le guet, etc. — *On doit s'attacher à bien relater tous les faits qui prouvent que le complice a donné son aide et son assistance avec connaissance.*

Les complices par *recélé* sont ceux qui cachent sciemment les choses obtenues d'une manière quelconque à l'aide d'un crime ou délit. — Pas de recéleurs, peu de voleurs. — *Ils doivent être recherchés avec une grande activité.*

La femme qui recèle dans le domicile conjugal les objets qu'elle sait provenir d'un vol commis par son mari, se rend coupable de complicité par recel. (*Cass., 15 mars 1821.*)

Section 6.

DE LA RÉDACTION PROPREMENT DITE DES PROCÈS-VERBAUX

17. Pour bien rédiger un procès-verbal, il faut avoir pris dans ses notes tous les renseignements les plus complets, comprendre bien la nature et les divers éléments du crime ou du délit qu'on doit con-

stater, réfléchir à l'affaire, l'embrasser dans son ensemble, en saisir tous les détails, afin de la présenter dans un ordre clair et méthodique.

La netteté, l'exactitude et la lucidité sont les principales qualités d'un procès-verbal.

Soit que l'on constat le résultat de ses investigations personnelles, soit qu'on rapporte une déclaration quelconque, il faut s'exprimer ou faire exprimer le témoin à la première personne (*J'ai vu, j'ai entendu*). De cette manière, en rendant sa pensée intelligible, on évite toute ambiguïté et confusion.

Il faut rejeter les longueurs et les phrases inutiles, s'habituer à condenser sa pensée et à la rendre avec la plus grande concision, sans toutefois omettre des détails. Les constatations de lieux et autres de même nature, demandent à être minutieusement décrites pour être bien comprises. Les déclarations des témoins ont besoin d'être fidèlement rendues ; malgré leur incorrection et leur trivialité, il faut leur conserver leur véritable physionomie. Indiquer en outre si les témoins affirment la certitude du fait qu'ils racontent ou s'ils le présentent comme douteux. Si on concevait des doutes sur la sincérité d'une déclaration, ou si ell émanait d'un individu mal famé, il est bon de mentionner cette circonstance.

Pour l'inculpé et les témoins, on doit désigner exactement leurs noms, professions, âge et domicile et, en outre, pour l'inculpé seul, *le lieu et la date de sa naissance, les noms de ses père et mère, s'il est célibataire ou marié, le nombre de ses enfants et ses antécédents.* S'il nie le fait qui lui est reproché, on lui indique les principales charges qui pèsent sur lui, afin qu'il produise son système de défense et alors on contrôle immédiatement la réalité des faits ou des témoignages qu'il invoque.

CHAPITRE II.

Des crimes, délits et contraventions.

—

SECTION Ire.

ÉNUMÉRATION DES CRIMES ET DÉLITS QUE LA GENDARMERIE DOIT RECHERCHER ET CONSTATER.

Abandon d'enfant, p. 71.
Abattage d'arbres p. 27.
Abus d'autorité et de pouvoir, p. 21.
Abus de blancs seings, p. 21.
Abus des besoins ou faiblesses d'un mineur, p. 22.
Abus de confiance, p. 22.
Abus de pouvoir (V. *Arrestation illegale*), p. 21 et 29.
Accaparement de marchandises, p. 23.
Accouchement (exercice illégal de l'art des), p. 23.
Achat d'effets milit., p. 64.
Achat de suffrages (V. *Elections*), p. 64.
Actes détruits, p. 62.
Adultère, p 23.
Affiches, affichage, p. 24, 126. — lacérées, p. 126.
Afficheurs, p. 25.
Agriculture (instruments brisés), p. 61
Allumettes chimiques, fraude. V. *Contributions indirectes*, p. 54.
Animaux, p 25.
Apologie de faits qualifiés crimes, p. 31.
Arbres abattus ou mutilés, p. 27.
Armes et poudres de guerre, p 28.
Armes prohibées, p. 28.
Arrestation, détention ou séquestration illégale de personnes, p. 29.
Assassinat, p. 30.
Associations ou réunions illicites politiques, religieuses ou littéraires, p. 30.
Associations de malfaiteurs, p. 30.
Attaque publique contre la Constitution ou le suffrage universel, p. 31.
Attaque publique contre la liberté des cultes; le principe de la propriété ou les droits de la famille. — Attaque contre le respect dû aux lois, p. 31.
Attaque d'une voiture publique, p. 32.
Attaque à la liberté par un fonctionnaire, agent ou préposé du gouvernement, en ordonnant ou faisant un acte arbitraire ou attentatoire à

18. — ABUS D'AUTORITÉ OU DE POUVOIR.

(*Art.* 186, 189 *C. p.*)

1° Tout acte de la gendarmerie qui trouble les citoyens dans l'exercice de leur liberté individuelle est un abus de pouvoir : ceux qui s'en rendent coupables encourent une peine disciplinaire indépendamment des poursuites judiciaires dont ils peuvent être l'objet. (*Art.* 614 *D. G.*)

2° Tout fonctionnaire, officier de justice, commandant ou agent de la force publique, qui se sera introduit dans le domicile d'un citoyen contre son gré et hors des cas prévus par la loi, sera puni, etc. (*Art.* 184 *C. p.*)

3° Tout fonctionnaire, administrateur, officier de justice ou agent de la force publique qui, sans motifs légitimes, aura usé ou fait user de violences envers les personnes dans l'exercice de ses fonctions, sera puni, etc. (*Art.* 186, 198 *C. p.*)

4° Suppression de lettre à la poste par un fonctionnaire. (V. v° *Lettres détournées*.)

5° Abus d'autorité contre la chose publique. V. et lire *art.* 188 *et* 191 *C. p.*)

6° Toute rigueur inutile pour s'assurer d'un prisonnier, ou contre un insoumis ou deserteur, est expressément interdite. (*Art.* 415, 317 *D. G.*)

19. — ABUS DE BLANCS-SEINGS (*Art.* 405 *et* 407 *C. p.*).

Ce délit est commis par quiconque, abusant d'un blanc-seing, c'est-à-dire d'une signature mise au bas d'un papier blanc qui lui aura été confié, aura frauduleusement écrit une obligation ou tout acte pouvant compromettre la fortune ou la personne du signataire.

Il faut nécessairement se faire remettre le blanc-seing ou faire toutes les démarches possibles pour le découvrir. Exprimer clairement les circonstance *dans lesquelles il a été donné, l'usage qui en a été fait et le* préjudice *qui en est résulté.*

20. — ABUS DES BESOINS OU DES FAIBLESSES D'UN MINEUR (*Art. 406 C. p.*)

Ce délit protége les mineurs contre la cupidité des usuriers et prêteurs sur gage. Il est difficile à constater, parce que le plus souvent les victimes ne veulent pas le dénoncer.

Il faut, pour constituer ce délit, que : 1° les actes, les obligations, etc., obtenus du mineur, soient préjudiciables à ses intérêts ; 2° qu'ils soient écrits ; et 3° qu'ils aient trait à des choses mobilières. *Ces divers caractères du délit doivent ressortir des constatations du procès-verbal.*

21. — ABUS DE CONFIANCE. (*Art. 408 C. p. — L. du 13 mai 1863.*)

Commet un abus de confiance, celui qui a détourné ou dissipé, au préjudice d'autrui, des effets, marchandises, deniers, billets, quittances, ou tous autres écrits opérant obligation ou décharge, qui ne lui ont été remis qu'à titre de *louage*, de *dépôt*, de *mandat*, de *nantissement*, de *prêt à usage*, ou pour *un travail salarié ou non*, à la charge de les rendre ou représenter ou d'en faire un usage déterminé.

En se rendant bien compte de la définition ci-dessus, on voit tous les faits nombreux que reprend cet article et la différence qui existe entre ce délit, l'escroquerie et le vol.

Dans la rédaction du procès-verbal, il faut s'appliquer à démontrer :

1° Comment la chose détournée appartenait au plaignant ;

2° A quel titre elle avait été remise ;

3° En quoi elle consistait ;

4° Quelles étaient les obligations de celui qui la recevait ;

5° Comment le détournement a eu lieu ;

6° Quel est le préjudice causé.

Ce délit ne se manifeste par aucun acte extérieur, il suppose la ruse, la faiblesse ou l'entraînement.

Les domestiques qui reçoivent de l'argent pour les dépenses journalières et l'appliquent à leur profit, commettent ce délit ; de même, le meunier qui ne rend pas la quantité de farine qu'a produit le blé qu'on lui a donné à moudre, etc.

L'abus du prêt de choses qui se consomment, ne constitue pas de délit.

Les circonstances suivantes doivent être relevées, parce que, de simple délit, l'abus de confiance devient crime, s'il a été commis par un *officier public ou ministériel;* un *domestique ;* un *homme de service à gages*, un *ouvrier*, un *apprenti*, un *commis*, un *élève ou clerc.*

22. — ACCAPAREMENT DE MARCHANDISES.
V. *Marchandises (Hausse de).*

23. — ACCOUCHEMENTS (EXERCICE ILLÉGAL DE L'ART DES). (*Art. 36 L. du 19 ventôse an* XI.)

Ne peuvent exercer l'art des accouchements, les hommes sans un diplôme de docteur ou d'officier de santé ; les femmes sans un diplôme de sage-femme, et sans être inscrites en cette qualité sur les listes du département. — La simple assistance à un accouchement, sans diplôme, constitue une infraction punissable. (*Cass.*, 28 *février* 1835.) *Il importe de bien préciser la date des faits dans le procès-verbal ; car les contraventions de cette nature, quoique étant de la compétence du tribunal correctionnel, se prescrivent par un an. Il est utile d'indiquer le montant de la rétribution qui a été perçue.* — Le danger qu'offre cette pratique, le tort causé aux sages-femmes diplômées.

24. — ADULTÈRE. (*Art. 336 C. p.*)

Pour que ce délit soit poursuivi, il faut une *plainte* préalable du mari ou de la femme, suivant les cas.

La gendarmerie doit s'abstenir de dresser procès-verbal de ce délit, à moins qu'il y ait un outrage public à la pudeur de commis.

Bigamie (*art.* 340 *C. p.*). — Quiconque étant engagé dans les liens du mariage en aura contracté un autre avant la dissolution du précédent, sera puni de la peine des travaux forcés à temps. L'officier public qui aura prêté son ministère à ce mariage, connaissant l'existence du précédent, sera condamné à la même peine.

25. — AFFICHES, AFFICHAGE.
(*Article* 1 *Loi du* 16 *février* 1834.)

Les affiches de l'autorité seules doivent être sur papier blanc et exemptes de timbre. (*L. du* 28 *avril* 1816.) V. *Affiches, Contraventions, p.* 126.

Affiches politiques. — Aucun écrit, à la main, imprimé, gravé ou lithographié, traitant de politique, ne pourra être affiché dans les rues, places et autres lieux publics. (*Art.* 1 *L. du* 10 *déc.* 1830.) La prohibition est uniquement pour les nouvelles et objets politiques, et atteint même l'affiche qui prend pour texte ou pour fin une candidature électorale, si le sujet en est réellement politique. (*Cass.*, 17 *fév.* 1849.) On peut afficher librement les annonces relatives aux arts, sciences, lettres, à l'agriculture, à l'industrie et au commerce, etc.

Les affiches politiques ou non doivent porter les noms, profession et demeure de l'auteur et de l'imprimeur, sous peine de prison et d'amende. (*Art.* 283 *et* 284 *C. p.*, *D. du* 29 *fév.* 1848.)

Lacération et enlèvement d'affiches (V. v° *Contraventions, p.* 129.)

Affiches peintes.— Elles ne pourront être apposées sans un permis de l'autorité municipale, qui doit être représenté aux gendarmes à toute réquisition. (*L. du* 8 *juill.* 1852.) *Consulter Halivel, p.* 12.

Les commandants de brigade rendront compte sans retard de la découverte d'affiches provoquant à la révolte, au meurtre, au pillage, etc (*Art.* 77 *D. G.*)

Le premier soin des gendarmes qui découvrent ces délits, est d'enlever soigneusement l'affiche s'ils le peuvent, et de l'adresser avec le procès-verbal qui doit contenir les circonstances dans lesquelles elle a été trouvée, le lieu où elle était apposée et expri-

mer si elle a été lue par beaucoup de personnes, dire si elle a causé de l'émotion. Si elle ne peut être enlevée, il faut la copier. — Si elle est à la main, faire attention au filigrane du papier, à sa dimension, à sa qualité, au corps d'écriture et à l'encre ; si elle est imprimée, se rendre chez les imprimeurs avec un officier de police judiciaire, et la, se livrer à la comparaison des caractères, du papier, etc. — Faire la recherche des auteurs activement. — S'ils sont trouvés et qu'ils fassent connaître soit les personnes qui leur ont remis les affiches a placarder, soit le nom de l'imprimeur, il faut mentionner cela avec soin.

25. — AFFICHEURS. — *(Art. 22 D. du 25 fév. 1852.)*

Nul ne pourra, même temporairement, exercer la profession d'afficheur sur la voie publique d'écrits imprimés, lithographiés, gravés ou à la main, sans être muni d'une autorisation de l'autorité municipale.

26. — ANIMAUX.

1° *Animaux abandonnés ou perdus ou dont les conducteurs sont arrêtés.* — Dans ce cas, la gendarmerie en fait la déclaration au juge de paix, au maire ou au commissaire de police qui ordonne leur mise en fourrière. *(Art. 12 L. du 28 sept. 1791.)*

2° *Animaux morts non enfouis :* prévenir l'autorité locale et la requérir de les faire enfouir. En cas de refus et de négligence, informer ses chefs *(art. 325 D. G.)*, dresser procès-verbal. *(Art. 13 L. du 28 septembre 1791.)* Pour le mode d'enfouissage, v. *D. G. art. 326.*

3° *Animaux féroces.* — Les conducteurs ne doivent pas s'écarter des grands chemins, ni circuler la nuit, ni entrer dans les bois, villages, bourgs ou hameaux. En cas de désobéissance, ils doivent être conduits devant le maire de la commune. *(Art. 321 D. G.)* Conformément aux *art. 475 et 479 C. p.*, dresser procès-verbal. *Les conducteurs sont généralement des gens suspects et dangereux qu'il faut surveiller.*

4° *Animaux domestiques.*— La loi punit de peines correctionnelles :

1° *L'empoisonnement* des poissons dans les étangs et réservoirs, des chevaux, bestiaux à cornes, moutons, chèvres, porcs. (*Art.* 452 *C. p.*)

Tâcher de découvrir le poison ; car il faut que les drogues administrées soient de nature à donner la mort pour qu'il y ait délit. Si l'animal est mort, inviter le propriétaire à en faire faire l'autopsie par un vétérinaire ; faire des recherches chez les pharmaciens, épiciers et droguistes. Surveiller les voisins et les personnes malveillantes. Ce délit est presque toujours inspiré par la malice, la vengeance, la haine ou la jalousie. Les empreintes de pas sont souvent de précieux indices.

2° *Le fait de tuer sans nécessité* les animaux ci-dessus énumérés. (*Art.* 453 *C. p.*) *Dans ce cas, il faut avoir soin de bien relater toutes les circonstances de l'affaire, et indiquer surtout, parce que la pénalité se trouve modifiée, si l'animal a été tué dans des bâtiments enclos ou sur des terres dont le maître était propriétaire ou fermier, ou sur tout autre lieu.*

3° *Le fait de tuer sans nécessité les animaux domestiques*, ce qui comprend en plus de ceux énumérés ci-dessus les volatiles et les chiens de garde. (*Cass.*, 17 *août* 1822.) *Indiquer si, dans ce cas, il y a eu violation de clôture.* (*Art.* 454 *C. p.*)

Le délit n'existe qu'à condition que l'animal ait été tué sans nécessité sur le terrain du propriétaire ou du fermier. *Il faut faire connaître les motifs pour lesquels l'inculpé était sur le terrain d'autrui, le nom du propriétaire, l'endroit où l'animal a été tué, et si cet animal n'y avait pas donné sujet par son agression ou par sa méchanceté.*

4° *Les blessures méchamment faites et de dessein prémédité* à des bestiaux ou chiens de garde sur le terrain d'autrui (*Art.* 30 *L. du* 28 *sept.* 1791. — *Cass.*, 7 *oct.* 1847.) *Il importe de bien constater ces circonstances et dire si l'animal n'a été que blessé, s'il en est mort ou resté estropié ; si le délit a été commis la nuit dans une étable ou autre clos rural.*

(*Autres coups et blessures à des animaux, art.* 475 *et* 479 *C. p.* § 1 *et* 2. — V. *Contraventions*, chap. 2, sect. 2 et 3, p. 129.)

5° *Animaux affectés de maladies contagieuses.* (*Art.* 459 *C. p.*) Le détenteur ou gardien d'animaux soupçonnés d'être infectés de maladies contagieuses doit avertir le maire, enfermer et isoler ses animaux, même avant la réponse du maire. Le délit est aggravé si, au mépris des défenses de l'administration, il laisse communiquer les bestiaux infectés avec d'autres, et surtout si, de cette communication, il est résulté une contagion pour les autres bestiaux.

C'est un délit que les brigades rurales doivent constater scrupuleusement dans l'intérêt de l'agriculture. Dès qu'on les prévient que des bestiaux sont malades ou soupçonnés de l'être, ils doivent se transporter sur les lieux et prévenir les cultivateurs de les isoler ou de les faire visiter. En cas de refus et que le fait soit grave, ils doivent dresser procès-verbal. Pour constituer ce délit, il n'y a pas besoin que l'animal soit réellement atteint d'une maladie contagieuse, des doutes, des soupçons suffisent pour qu'on soit obligé de l'isoler immédiatement.

27. — ARBRES ABATTUS OU MUTILÉS. (*Art.* 445 *et* 455 *C. p.*)

La loi punit de peines correctionnelles celui qui, dans l'intention de nuire à autrui et *sans rien enlever*, abat les arbres, les mutile ou les écorce de manière à les faire périr, dévaste les récoltes sur pied et les plants venus naturellement ou faits de main d'homme appartenant à autrui.

Il faut énoncer exactement le nombre des arbres abattus, mutilés ou écorcés; constater que ceux abattus n'ont pas été enlevés ; décrire la nature de la blessure et indiquer en quoi elle est mortelle pour l'arbre: dire si les arbres étaient plantés sur des places, routes, rues, chemins, etc. En examinant la coupure de l'arbre, on voit avec quel instrument le délit a été commis. Il faut faire des perquisitions avec l'officier de police judiciaire chez les individus soupçonnés, qui ne peuvent être généralement que des ennemis ; saisir leurs scies, haches, serpes, etc. et les rapprocher de la coupure de l'arbre dont, au besoin, il faudrait scier un tronçon pour l'envoyer au tribunal comme pièce à conviction.

Si l'arbre mutilé ou coupé est l'objet d'une difficulté de propriété ou l'a été par le fait malheureux ou imprudent d'un fermier, ou se trouve l'objet d'une contestation quelconque, ne pas rédiger de procès-verbal.

28. — ARMES ET POUDRES DE GUERRE.
(*Art.* 3 *et* 4 *L. du* 24 *mai* 1834.)

Est punissable de peines correctionnelles celui qui, sans autorisation, a fabriqué, débité ou distribué de la poudre ou a été trouvé détenteur d'une quantité quelconque de poudre de guerre ou de plus de deux kilogrammes de poudre de chasse.

Il en est de même pour celui qui, sans autorisation, aura fabriqué, débité ou distribué des armes de guerre, des cartouches ou autres munitions de guerre, ou aura un dépôt d'armes quelconques.

Cette loi concerne les armuriers qui ne peuvent fabriquer d'armes de guerre sans l'autorisation du ministre de la guerre. (*Cass.*, 25 *juin* 1840.)

La bonne foi ne fait pas disparaître le délit. (*Cass.*, 26 *mars* 1835.) Cependant il faut constater dans le procès-verbal que l'inculpé les détenait *sciemment* et *volontairement*. (*Cass.*, 21 *avril* 18 8.) Fabrication et commerce des armes de guerre. (V. *L. du* 14 *juill.* 1860 *et decret du* 6 *mars* 1861.)

Les perquisitions étant faites en cas de flagrant délit, il faut sonder les murs, les parquets, les plafonds, les poutres; s'assurer que les meubles n'ont pas de doubles fonds. — Saisir toujours les armes, poudres, instruments de fabrication.— Donner des renseignements complets sur les inculpés, au point de vue politique. de leur influence, de leurs agissements et des motifs pour lesquels ils détenaient. fabriquaient ou débitaient des armes et des poudres.

29. — ARMES PROHIBÉES.
(*Art.* 1 *et* 4 *L. du* 24 mai 1834.)

Armes de chasse et de commerce. — Le port et la

détention n'en sont pas interdits. Tout le monde a le droit de porter des armes permises pour sa défense personnelle. (*Avis du Conseil d'État 17 mai 1811.*)

Armes secrètes. — On entend par armes secrètes celles qui sont prohibées par une loi Le fabricant, le distributeur, le détenteur et le porteur sont punissables de peines correctionnelles.

Sont armes prohibées : les poignards, couteaux-poignards (ils n'ont pas besoin d'être à deux tranchants) (*Cass.*, *5 juill.* 1851), épées en bâtons, bâtons à ferrements autrement que par le bout (*Décl. du* 23 *mars* 1728), fusils et pistolets à vent (*Déc.*, 2 *niv. an* XIV), pistolets de poche ordinaires ou revolvers (*Ord.* 23 *fév.* 1835), cannes qui, démontées ou ajustées, offrent un pistolet ou un fusil (*Cass.*, 12 *mars* 1852); l'exposition de semblables armes dans un magasin est un délit (*Cass.*, 12 *mars* 1852). La prohibition ne s'applique pas aux pistolets de poche, revolvers et autres fabriqués pour l'exportation. (*Décret du* 26 *août* 1865.) — *Saisir toujours les armes prohibées; noter les circonstances dans lesquelles le délit a eu lieu; renseignements sur le délinquant. En temps de commotion politique, ce délit prend de la gravité et est toujours le corollaire de faits plus graves.* (*V.* Attroupements.)

30. — ARRESTATIONS, DÉTENTION OU SÉQUESTRATION ILLÉGALE DE PERSONNES. (*Art.* 341 *à* 344 *C. p.*)

Celui qui, sans ordre et sans mandat, aura arrêté, détenu ou séquestré une personne quelconque, de même que celui qui aura prêté un lieu de détention sera puni : 1° des travaux forcés à perpétuité si la séquestration a duré plus d'un mois ; si elle a eu lieu avec un faux costume, sous un faux nom et sur un faux ordre de l'autorité ; si l'individu a été menacé de mort ; 2° des travaux forcés à temps, si elle a duré plus de dix jours ; 3° d'une peine correctionnelle si l'individu a été volontairement mis en liberté avant le dixième jour.

Si l'individu séquestré avait été soumis à des tortures corporelles, la peine sera celle de la mort.

Les circonstances ci-dessus énumérées, qui peuvent faire varier la pénalité, indiquent qu'elles doivent être minutieusement consignées. Décrire le lieu de la séquestration, sa durée, sa cause ; les soins, les traitements donnés à la victime ; interroger tous les témoins du fait. Les père, mère et maîtres qui renferment les enfants pendant un temps qui excède une correction raisonnable, sont coupables de ce crime. (*Cass., 27 sept. 1838*). Le mari ne peut séquestrer sa femme.

Sous prétexte d'aliénation mentale, il se commet bien des séquestrations. *Aussi dès que la gendarmerie apprend par la rumeur publique que de semblables faits se produisent, elle doit les apurer au plus vite, en agissant avec la plus grande prudence et en consultant ses chefs.*

31. — ASSOCIATIONS OU RÉUNIONS ILLICITES. (*Art. 2 L. du 10 avril 1834.*)

Il est défendu à plus de vingt personnes de se réunir sans l'autorisation du gouvernement, tous les jours ou à certains jours, pour s'occuper d'objets religieux, littéraires ou politiques, sous peine d'emprisonnement, tant pour ceux qui ont fait partie de l'association, que pour ceux qui ont prêté leur local.

Les clubs sont interdits ainsi que les sociétés secrètes. (*Voir ce mot.*)

Il faut établir pour constater ce délit : l'existence et le but de la société ; le lien qui unit les associés, leur nom si c'est possible, et leur nombre toujours ; leurs jours de réunions, etc. Quand on soupçonne l'existence de pareilles associations, il faut de la prudence, du tact, de la discrétion ; surveiller attentivement, renseigner ses chefs et ne dresser procès verbal que lorsqu'on est à peu près sûr qu'un délit de cette nature existe.

32. — ASSOCIATIONS DE MALFAITEURS. (*Art. 265 à 268 C. p.*)

Toute association de malfaiteurs envers les personnes et les propriétés est un crime.

Ce fait existe par le seul fait d'organisation des bandes ou de correspondances entre elles.

On devient malfaiteur dès qu'on s'associe pour un crime.

Il importe de constater les circonstances, les conditions et le but des associations, ainsi que la moralité des associés avec les différents rôles qu'ils remplissent. Indiquer les individus qui, sciemment auront fourni aux bandes des armes, munitions, lieux de retraite, etc.

33. — ATTAQUE PUBLIQUE CONTRE LA CONSTITUTION OU LE SUFFRAGE UNIVERSEL (*Art. 1er D. du 11 août 1848. Art. 1er L. du 27 juill. 1849.*)

Rarement la gendarmerie a des délits de ce genre à constater, parce qu'ils sont commis le plus ordinairement par la presse. *Cependant si, dans des réunions publiques ou sur la voie publique, elle savait que de pareils faits auraient eu lieu, elle tâchera de bien savoir par des témoins, tous les propos tenus, et elle les rapportera textuellement dans un procès-verbal. Elle fera connaître l'intention de celui qui les a prononcés et l'effet produit; elle s'expliquera sur le degré de confiance que peuvent inspirer les témoins. Pour tous les délits qui touchent de près ou de loin à la politique, les gendarmes font bien, avant de rédiger leur procès-verbal, quand tous les renseignements sont pris sûrement et avec discrétion, de prendre l'avis de leurs chefs.*

34. — ATTAQUE PUBLIQUE CONTRE LA LIBERTÉ DES CULTES, LE PRINCIPE DE LA PROPRIÉTÉ OU LES DROITS DE LA FAMILLE. (*Art. 3 L. du 11 août 1848.*)

ATTAQUE CONTRE LE RESPECT DU AUX LOIS. — APOLOGIE PUBLIQUE DE FAITS QUALIFIÉS CRIMES OU DÉLITS. (*Art. 3 L. du 27 juillet 1849.*)

Mêmes observations que précédemment.

35. — ATTAQUE D'UNE VOITURE PUBLIQUE.

Si les gendarmes étaient présents, tâcher de désigner les assaillants aussi complètement que possible. Autrement, recevoir les déclarations en détail des voyageurs et des conducteurs; signaler les prévenus aux brigades voisines; se mettre à leur recherche; interroger les habitants des campagnes environnantes, en examinant, cherchant et suivant les traces des malfaiteurs sur le terrain.

Ce fait, suivant le mobile qui l'inspire, peut constituer bien des crimes différents.

36. — ATTENTAT AUX MŒURS EN EXCITANT HABITUELLEMENT LA DÉBAUCHE DE MINEURS. (*Art.* 334 *et* 335 *C. p.*)

L'art. 334 s'exprime ainsi : *Quiconque aura attenté aux mœurs en favorisant, facilitant* habituellement *la débauche ou la corruption de la jeunesse au-dessous de vingt-et-un ans, sera, etc.* Aggravation de peine lorsque l'agent de corruption sera le père, la mère, le tuteur, ou une personne chargée de la surveillance de la victime. — Cet article s'applique à quiconque se livre au trafic de la débauche envers des mineurs ou en prenant des mineurs pour instrument de son vil métier. (*Cass.*, 17 *novembre* 1826.) Il a été jugé que cet article atteint les faits personnels et directs d'impudicité sur des mineurs. (*Cass.*, 17 *août* 1839.) *Pour bien caractériser le délit, il faut relater les actes de libertinage commis sur ou en présence de la jeunesse. Etablir le fait de la minorité et indiquer le lieu de la réunion et la manière dont elle avait été provoquée. S'attacher à faire ressortir les circonstances qui constituent* l'habitude.

37. — ATTENTAT A LA PUDEUR. (*Art.* 331 *C. p.* — *L. du* 13 *mai* 1863.)

L'attentat à la pudeur s'entend de tout acte extérieur ayant pour but de blesser la pudeur quand même il serait uniquement commis dans une intention injurieuse ou dans un esprit de haine, de vengeance ou même de curiosité.

(*Voir pour la différence qui existe entre l'attentat à la pudeur et le viol, ce dernier mot.*)

L'attentat, par exemple, est consommé dans l'action de mettre les mains aux cuisses ou aux parties sexuelles, et il n'est que tenté si, pour arriver à ce but, on a essayé de relever les jupes.

L'attentat *sans violences* n'est punissable que s'il a lieu sur un enfant de l'un ou de l'autre sexe, de moins de treize ans; au delà de cet âge, les faits de cette nature échappent à toute punition, à moins cependant que l'auteur ne soit l'ascendant de la victime. En effet, tout attentat à la pudeur, sans violences, commis par un ascendant sur un mineur de moins de vingt-et-un ans, non émancipé par mariage, est un crime. *Aussi est-il indispensable au rédacteur du procès-verbal de contrôler l'âge exact de la victime, et d'indiquer s'il existe des liens de parenté entre elle et son agresseur.*

L'attentat *avec violences* tombe toujours sous l'application de la loi pénale, sans égard à l'âge de la victime. Par *violences*, il faut entendre les violences physiques et non les violences morales : saisir une fille, la jeter par terre, lui relever ses jupes et l'empêcher de se relever, sont des actes de violence. Comme c'est un élément essentiel du crime, il faut le constater avec soin.

Pour ce crime, il n'y a pas généralement de constatations matérielles à faire. Cependant, comme la loi ne distingue pas les actes d'obscénité et la défloration, et que le coupable veut souvent arriver à ce but, il est nécessaire, si on le peut, de faire visiter la victime par un médecin, ou si on ne le peut pas, par une matrone, par la mère ou toute autre femme, parce que, si on attend que cette mesure soit ordonnée par la justice, les traces peuvent disparaître. On doit faire examiner non-seulement les parties sexuelles, mais encore les bras, les cuisses, le cou, pour voir s'il n'existe pas des traces de violences. Ces visites doivent avoir lieu avec la plus grande prudence. Les enfants doivent être inter-

rogés avec circonspection; quoiqu'il faille leur faire expliquer l'agression dans les plus minutieux détails pour la relater, il faut éviter d'aller au devant de leurs déclarations et se garder de toute obscénité dans les paroles et dans les démonstrations, à moins que le besoin de se faire comprendre ne le nécessite.

Les dires de la victime doivent être contrôlés immédiatement par d'autres témoignages; il faut entendre tous les témoins qui, de près ou de loin, peuvent fournir des éclaircissements, et visiter minutieusement le lieu de l'attaque pour s'en rendre bien compte.

Interroger également l'inculpé si on le trouve; lui demander compte de son temps, et s'il cherche à établir un alibi, ne pas perdre un instant pour le contrôler.

Saisir sa chemise et celle de la victime, ainsi que les vêtements portant des traces de lutte ou de souillure, regarder minutieusement les genoux du pantalon de l'agresseur.

Relater les habitudes et les antécédents de l'agresseur et de sa victime.

Si les faits paraissent exagérés ou mal définis, rechercher s'ils ne seraient pas inventés dans un but de vengeance.

38. — ATTAQUE A LA LIBERTÉ PAR UN FONCTIONNAIRE, AGENT OU PRÉPOSÉ DU GOUVERNEMENT, EN ORDONNANT OU FAISANT UN ACTE ARBITRAIRE, OU ATTENTATOIRE A LA LIBERTÉ INDIVIDUELLE, AUX DROITS CIVIQUES, OU A LA CONSTITUTION. (*Art. 114 C. p.*)

Consulter ses chefs par lettre confidentielle, en signalant le fait avant de dresser procès-verbal et attendre leurs instructions.

39. — ATTENTAT CONTRE LA VIE OU LA PERSONNE DU CHEF DE L'ÉTAT. (*Art. 86 C. p.*)

40. — ATTENTAT DANS LE BUT D'EXCITER LA GUERRE CIVILE ENTRE LES CITOYENS. (*Art. 91 C. p.*)

L'exécution ou la tentative de ces crimes constituent seules l'attentat. Quand un mouvement insurrectionnel éclate, il faut en préciser le but ; à défaut de le pénétrer, il y a toujours le délit d'attroupement. *Informer sur-le-champ le commandant de l'arrondissement; recueillir et prendre tous les renseignements possibles; arrêter toute personne prise en flagrant délit.* (*V.* n° 33.)

41. — ATTROUPEMENT. (*L. du 7 juin 1848.*)

Tout attroupement *armé*, sur la voie publique, ainsi que celui *non armé*, qui pourrait troubler la tranquillité publique, est interdit.

Est *attroupement armé* la réunion de plusieurs personnes porteurs d'armes apparentes ou cachées, ou lorsqu'un seul de ces individus, étant armé, n'est pas expulsé par les autres

Les pierres et bâtons sont des armes ; les couteaux et ciseaux de poche ne sont des armes que lorsqu'elles ont servi à frapper.

Les rassemblements qu'un accident ou un événement attire se dissipent d'eux-mêmes; mais s'ils prennent un caractère impérieux et politique, s'ils sont accompagnés de cris, de vociférations, de menaces; s'il y a parmi les rebelles un individu armé qui ne soit pas expulsé par les autres ; si l'attroupement est dirigé contre la sûreté des personnes. contre les autorités ou contre la liberté des tribunaux, du travail et de l'industrie, ou formé pour la délivrance de prisonniers, pour le pillage ou la dévastation, il doit être dissipé. Les gendarmes, en l'absence de toute autorité, administrative ou judiciaire, ne doivent faire usage de leurs armes que :

1° S'ils sont l'objet de violences ou de voies de fait ; 2° s'ils ne peuvent garder le terrain qu'ils occupent, ou si la résistance est telle qu'elle ne peut être vaincue que par les armes.

Autrement,

Si *l'attroupement est armé*, on ne fait usage des armes qu'après la deuxième sommation et deux roulements de tambour; s'il n'est pas armé, qu'aprè les trois sommations et l'exhortation.

Si l'émeute prend un tel caractère qu'elle ne peut être vaincue que par les armes, la gendarmerie, après avoir déployé la plus grande énergie, dresse procès verbal et demande du secours à l'autorité locale et au commandant d'arrondissement. Les brigades ne doivent pas quitter le terrain avant que l'ordre ne soit rétabli. Elles ne doivent pas se dessaisir à aucun prix de leurs prisonniers ; elles peuvent mettre en réquisition les agents subalternes des administrations publiques et des chemins de fer. (*Art. 634 D G.*) *Le procès-verbal doit contenir le détail des faits qui ont motivé, précédé, accompagné et suivi l'attroupement ainsi que la désignation des personnes qui le composaient ; dépeindre autant que possible l'attitude de chacun ; désigner les chefs et les provocateurs ; indiquer ceux qui se sont retirés entre les sommations et ceux qui étaient porteurs d'armes apparentes ou cachées.*

42. — AVORTEMENT. (*Art. 317 C. p.*)

L'avortement est l'accouchement avant terme qui a été procuré. La loi n'établit aucune distinction en raison de l'âge du fœtus. Peu importe de quelle manière et par quels moyens l'avortement a été procuré, pourvu qu'il ait eu lieu.

Ou la femme se sera procuré à elle-même l'avortement, ou aura consenti à faire usage des moyens à elle indiqués ou administrés à cet effet, si l'avortement s'en est suivi ; ou un individu quelconque par aliments, breuvages, violences, ou par tout autre moyen, aura procuré l'avortement d'une femme enceinte, qu'elle y ait consenti ou non. — C'est une circonstance aggravante si l'avortement a été procuré par les médecins, sages-femmes ou pharmaciens.

Ce crime, malheureusement très-commun, est difficile à saisir et surtout à constater : si la femme est décédée, prévenir le procureur de la République, tâcher de découvrir le fœtus. Dans tous les cas, saisir les linges ensanglantés ; les blanchisseuses peuvent donner d'utiles renseignements. Si l'on soupçonne une femme de s'être fait avorter, se faire rendre compte de sa conduite; tâcher, par des témoignages, d'établir sa grossesse, puis sa délivrance. Savoir si elle a fait usage de sangsues, de bains de pieds, de purgatifs, etc.; s'informer si elle avait à sa portée des emménagogues, tels que la rüe, la sabine, le safran, le seigle ergoté, etc.; se rendre compte de ses relations avec les sages-femmes et médecins qui passent pour procurer les avortements et, à cet égard faire les recherches les plus minutieuses et les constater en détail dans le procès-verbal. Savoir si elle s'est renseignée auprès de quelque personne sur la manière de se faire avorter; rechercher chez les pharmaciens si elle a acheté des drogues; saisir toutes les fioles de médicaments, vides ou pleines, suspectes ou non, trouvées chez l'inculpée ou ses complices. La constatation de ce crime demande beaucoup de prudence, de discrétion et d'adresse : il ne faut pas exprimer ses soupçons légèrement et compromettre des femmes jugées plus tard innocentes de pareils actes.

43. — BAN DE SURVEILLANCE (INFRACTION AU).
(Art. 45 C. p)

Etablir que l'individu astreint à la surveillance ne s'est pas rendu dans le lieu qui lui était assigné, ou s'en est éloigné sans autorisation ; indiquer dans le procès-verbal la date de la condamnation qui l'a placé sous la surveillance, le tribunal dont elle émane et le lieu de la résidence; de simples absences ne sont pas suffisantes pour constituer le délit.

44. — BANDES ARMÉES. (*Ar. 96, 97, 98, 99, 100 C. p.*)

La loi atteint dans ces articles les réunions nombreuses d'individus qui sont menaçantes pour l'ordre public ou pour les propriétés publiques ou privées et qui tendent à les envahir. Pour que le crime existe, il faut une organisation, c'est-à- dire que les bandes aient des chefs et soient armées.

On entend par armes, toutes machines, tous instruments tranchants ou contondants, etc. Il faut indiquer les individus qui auront fourni des logements et lieux de retraite à ces bandes. (*V. le mot Attroupement.*)

45. — CAFÉS, CABARETS ET AUTRES DÉBITS DE BOISSONS NON AUTORISÉS. (*Art.* 3 *D. du* 29 *déc.* 1851.)

Tout individu qui aura ouvert un café, cabaret ou débit de boissons à consommer sur place, sans autorisation, ou contrairement à des arrêtés de fermeture, sera, etc....

L'autorisation du préfet ne peut être remplacée par celle du maire. (*Cass.*, 29 *août* 1857.) Le décret est applicable aussi bien au débit accidentel qu'au débit habituel. *Quand on soupçonne une maison d'être un débit clandestin, il faut la surveiller, interroger ceux qui en sortent, y pénétrer si le propriétaire ne s'y oppose pas; l'introduction peut avoir lieu aussi bien le jour que la nuit si les portes sont ouvertes; indiquer le nombre de fûts et la nature des liquides, la forme et la quantité des verres et des mesures. — Il est utile de désigner les habitudes de l'inculpé.*

46. — CARTES A JOUER. (*Art.* 169, *ch.* V, *titre* III *de la loi du* 28 *avril* 1816.)

V. *le mot Contrebande.*

47. — CASTRATION. (*Art.* 316 *C. p.*)

La castration se commet par l'amputation d'un organe nécessaire à la génération, dans le but d'anéantir la faculté procréatrice. — *Ces deux caractères doivent ressortir du procès-verbal.*

48. — CHANTEURS SUR LA VOIE PUBLIQUE. (*Art.* 1 *L. du* 16 *fév.* 1834.)

Ils ne peuvent exercer temporairement leur industrie sans représenter une autorisation de l'autorité.

Les chansons qu'ils débitent doivent être estampillées.

Ils doivent se conformer, suivant les localités, aux règlements municipaux qui les concernent.

Constater si leurs chants contiennent soit une provocation à des crimes ou délits, soit des allusions politiques, ou s'ils sont contraires aux mœurs.

49. — CHASSE. *(L. du 3 mai 1844.)*

La chasse consiste dans la recherche, la poursuite et la capture de tout animal sauvage et de tout oiseau. (*Inst. G. des sceaux, 9 mai 1844.*)

C'est chasser que de parcourir les champs pour faire lever le gibier avec un bâton ou avec des chiens ;

D'être trouvé sur un terrain propre à la chasse, armé et dans l'attitude d'un chasseur qui cherche le gibier. (*C. 13 nov. 1818.*)

Les procès-verbaux de chasse faisant foi jusqu'à preuve contraire, doivent être très-complets, afin d'éviter aux magistrats d'appeler les gendarmes en témoignage.

Il importe de bien décrire l'attitude et les mouvements du chasseur ; ses armes avec leur position, leur état et leur valeur ; son costume ; son attirail de chasse ; la nature et la partie du champ où il se trouvait ; s'il était accompagné de chiens, leur race, leur couleur et leurs mouvements. S'il y a plusieurs chasseurs ensemble, indiquer le rôle de chacun d'eux. Dans le cas où le fait est constaté par plusieurs gendarmes, s'ils n'ont pas vu les mêmes faits, il faudra mentionner ce qui est le résultat des remarques de chacun d'eux.

Le chasseur étant atteint, s'il nie le délit, recevoir ses explications et les contrôler immédiatement si c'est possible. S'il n'est pas atteint, se rendre à son domicile, entendre des témoins, prendre tous les renseignements possibles pour ne pas commettre d'erreur dans la désignation du chasseur. Ne jamais désigner un chasseur sans être parfaitement certain de pouvoir le reconnaître.

Dans la chasse à courre, il est difficile de déterminer l'action qui constitue le délit; car le veneur est rarement armé; tous les chasseurs n'appuient pas les chiens, et beaucoup sont plutôt curieux qu'acteurs. Il faut examiner le rôle et l'attitude de chacun d'eux et les désigner dans le procès-verbal.

CHASSE SANS PERMIS

Quels que soient les animaux qu'on chasse ou les moyens qu'on emploie, il faut un permis de chasse. (*Circ. min.*, *7 mai 1844*.) — Exemple : la chasse aux alouettes avec des filets. (*Grenoble, 2 janvier 1845*.)

Si les chasseurs ont un permis de chasse, il faut attendre vingt-quatre heures avant de rédiger le procès-verbal, pour leur donner le temps de le présenter.

Le permis n'est pas nécessaire : 1° Pour la destruction des animaux malfaisants ou nuisibles que le propriétaire, possesseur ou fermier peut en tout temps détruire sur ses terres, ou pour détruire les bêtes fauves qui porteraient dommage à ses propriétés. (*Art. 9 Inst. G. des Sc.*) *Bien désigner l'espèce de l'animal chassé, ainsi que le nom du propriétaire du lieu où s'est accompli le fait de chasse.*

2° Pour le propriétaire ou fermier qui peut chasser en tout temps dans ses possessions attenant à une habitation entourée d'une clôture continue faisant obstacle à toute communication avec les héritages voisins.

Par clôture, il faut entendre une haie vive ou palissade, un mur, un fossé dit saut-de-loup, qui forme obstacle à toute communication avec le dehors. — *Mentionner l'élévation des murs, la nature des palissades, la largeur ou profondeur des fossés, la grandeur des brèches s'il en existe.*

3° Lorsqu'un genre de chasse exige le concours de plusieurs individus, les auxiliaires du chasseur, salariés ou non, ne faisant qu'une seule personne avec lui. n'ont pas besoin de permis, pourvu toutefois qu'ils ne soient réellement que des aides (*Cass., 8 mars* 1845) ; ainsi jugé pour les traqueurs et pour les auxiliaires de la chasse aux alouettes, au filet et au miroir (*Agen, 3 fév.* 1847); pour la chasse aux lapins avec des bourses (*Quimper, 12 mars* 1853), pour la chasse aux petits oiseaux au moyen de raquettes ou sauterelles. (*Nancy, 7 nov.* 1844.)

Quand un chasseur invoque l'excuse qu'il chasse des animaux malfaisants et nuisibles, vérifier scrupuleusement ces allégations en s'assurant s'il en existe dans la contrée.

Le permis de chasse est valable pour un an ; daté du 4 septembre, il vaut jusqu'au 4 septembre au soir de l'année suivante. (*Cass., 22 mars* 1850.)

CHASSE EN TEMPS PROHIBÉ.

Les préfets prennent des arrêtés pour déterminer l'époque de l'ouverture et de la fermeture de la chasse en général, et de divers genres de chasse en particulier, des oiseaux d'eau et de passage.

La chasse est ouverte depuis le lever jusqu'au coucher du soleil, y compris l'aurore et le crépuscule.

CHASSE PENDANT LA NUIT.

Dans la discussion de la loi, il a été dit qu'on n'avait pas l'intention de prohiber la chasse à l'affût qui a lieu à une époque très près de la nuit, mais qui n'est pas la nuit. (*Ch. des pairs.*) *L'appréciation du fait appartenant aux tribunaux, il importe de décrire, dans ce cas, l'état du ciel avec l'heure exacte de la constatation du délit et du coucher du soleil.*

CHASSE A L'AIDE D'ENGINS ET D'INSTRUMENTS DE CHASSE PROHIBÉS.

La loi n'admet que trois genres de chasse : à tir

c'est-à-dire avec le fusil, à courre et à l'aide de chiens courants. Elle tolère l'emploi des filets et bourses pour prendre le lapin.

Tous autres moyens de chasse sont formellement défendus, à moins d'autorisation du préfet, dans le cas où la loi les y autorise.

Sont prohibés :

La chasse à l'aide de filets (*Cass.*, *28 mai 1848*), de gluaux (*Cass.*, *27 fév. 1845*), les trappes, les piéges, les collets, les lacets, etc., les pots à moineaux qu'on place ordinairement devant les murs (*Dalloz, v° Chasse*) ; la chasse à l'oiseau, au faucon, à l'autour (*Disc. de la loi*).

Avoir soin de saisir les engins prohibés et décrire scrupuleusement les agissements de celui qui les visite, désigner l'endroit et la nature du champ dans lequel ils se trouvaient placés, à quelle nature de gibier ils étaient destinés.

CHASSE AVEC APPEAUX, APPELANTS ET CHANTERELLES.

Pour attirer le gibier, on emploie l'appeau, sorte d'instrument. Les appelants, ce sont des oiseaux (ainsi la moquette, sorte d'alouette). La chanterelle est la femelle de la caille ou de la perdrix. — *Ne jamais omettre, si on le peut, de saisir les appeaux appelants ou chanterelles.*

CHASSE AVEC CHIENS LÉVRIERS.

Le fait de chasse à l'aide d'un chien lévrier ne suffit pas pour constituer le délit imputable au propriétaire, lorsque celui-ci n'a pas volontairement employé cet animal à la poursuite du gibier. (*Cass.*, *20 nov. 1845*.) *Bien examiner et décrire dans le procès-verbal le signalement du chien.*

CHASSE A L'AIDE DE DROGUES OU APPATS DE NATURE A ENIVRER OU A DÉTRUIRE LE GIBIER.

Dans ce cas, décrire la nature et l'espèce de chasse, saisir les drogues et appâts si c'est possible.

CHASSE SUR LE TERRAIN D'AUTRUI.

Nul n'a la faculté de chasser sur le terrain d'autrui sans le consentement exprès du propriétaire ou des ayants-droit.

Quand le fait de chasse a lieu sur des terres dépouillées de leurs récoltes, faire connaître aux propriétaires qu'ils ont le droit de poursuivre directement les chasseurs.

Pour ce fait seul, ne pas dresser de procès-verbal à moins qu'il ne soit accompagné d'un autre délit.

Quand un fait de chasse a lieu sur un terrain qui n'est pas dépouillé de ses récoltes, il faut le constater, parce qu'on a voulu protéger les terres pouvant produire des fruits qui sont propres à être récoltés et auxquels le passage des chasseurs pourrait porter dommage (*Cass.*, 31 *janv.* 1840). Cette protection ne s'applique pas à des prairies artificielles (*Cass.*, 22 *oct.* 1844), à un champ de pommes de terre (*Orléans*, 22 *oct.* 1844), à une terre plantée d'osier (*Grenoble*, 19 *mars* 1846).

Bien constater quand le délit de chasse a été commis sur un terrain entouré d'une clôture, s'il est attenant ou non à la maison d'habitation.

Le délit prévu par l'art. 13 est le plus grave de la loi, aussi les peines sont-elles les plus sévères.

Le chasseur qui s'est introduit, soit par escalade, soit par une porte non ouverte dans un terrain clos, ou à l'aide de violences et de menaces, est punissable des peines portées par les art. 181 et 456 du Code pénal.

CONTRAVENTIONS AUX ARRÊTÉS DU PREFET.

COMPRENANT :	DATE de l'arrêté.	DISPOSITIONS de l'arrêté.
1° Les oiseaux de passage ;		
2° Le gibier d'eau.		
3° Les destruction des animaux nuisibles ;		
4° La chasse en temps de neige.		
5° La destruction des oiseaux.		
6° Les chiens levriers.		

Il est bon de relater dans les procès-verbaux la date de l'arrêté et la prohibition ou la permission qu'il contient.

Toujours s'assurer si les chasseurs ont des permis.

MISE EN VENTE, VENTE, ACHAT, TRANSPORT ET COLPORTAGE DE GIBIER QUAND LA CHASSE EST PROHIBÉE.

La défense de transporter le gibier est absolue, peu importe qu'il soit en transit dans le département où il a été saisi. (*Paris, 22 nov.* 1844.)

Les oiseaux d'eau peuvent être vendus pendant le temps où la chasse en est permise. (*Inst. 20 mai* 1844.)

Le colportage du gibier, en temps de neige, peut avoir lieu. (*Cass., 21 mars* 1845.) Néanmoins, constater le délit, les juges apprécieront. — Lorsque la chasse est ouverte, la loi ne prohibe pas la vente du gibier pris à l'aide d'engins prohibés (*Grenoble, 26 déc. 1864, contra Paris 1864*). Dans ce cas, on doit dresser procès-verbal, le tribunal statuera.

La recherche à domicile ne pourra être faite que chez les aubergistes, les marchands de comestibles et dans les lieux ouverts au public.

DETENTION A DOMICILE ET PORT HORS DU DOMICILE DE FILETS ET AUTRES INSTRUMENTS DE CHASSE PROHIBÉS.

Visites. — Si la loi autorise la recherche du gibier à domicile, les visites domiciliaires, pour constater la detention d'engins prohibés, ne pourront être faites qu'en vertu d'une commission du juge d'instruction. Cependant, en cas de flagrant delit, les gendarmes et gardes pourront pénétrer dans le domicile d'un chasseur avec le maire ou l'adjoint, ou seuls s'ils y sont autorisés.

Saisie. — Le flagrant délit ne peut exister que lorsque les gendarmes ont trouvé un individu porteur de filets ou engins hors de son domicile, ou qu'il y soit entré avant qu'ils n'aient pu l'atteindre. (*Discussion de la loi.*)

Domicile ici veut dire demeure.

Les gendarmes, pour se livrer aux perquisitions sur les personnes, devront être tres-circonspects. Il faut qu'il y ait des soupçons, par exemple :

S'ils voient un crin sortir de la poche d'un individu, ou s'ils aperçoivent un chasseur sortir d'un champ où des lacets ont été mis.

DÉLINQUANTS MASQUES OU DEGUISÉS, *ayant pris un faux nom, usé de violences envers les personnes, fait des menaces, refusé de dire leur nom, ou n'ayant pas de domicile connu.*

Ils doivent être conduits devant le juge de paix qui s'assure de leur individualité ; ils ne doivent pas être désarmés ; mais, cependant. s'ils se rebellaient, on devrait leur enlever leurs armes. (*Berriat, p. 67.*)

Les violences n'ont pas besoin de prendre le caractère d'un délit, parce qu'alors ce serait ou la rébellion ou les coups et blessures, ou tout autre délit. La menace n'a pas besoin d'être faite sous condition.

Les gendarmes qui sont couchés en joue par les chasseurs doivent faire usage de leurs armes. (*Circ. ministre de la guerre*, 30 *nov.* 1853.)

Armes des chasseurs.

Les délinquants ne peuvent être dessaisis de leurs armes, à moins qu'elles n'aient été abandonnées par eux.

La description complète de l'arme et l'énonciation de sa valeur doivent être données dans le procès-verbal.

Saisie du giber.

Le gibier saisi est immédiatement soit transporté à l'établissement de bienfaisance le plus voisin (*art.* 4), soit remis au maire pour être distribué aux pauvres; les gendarmes doivent toujours prendre un récépissé pour être joint au procès-verbal

Mineurs domestiques.

Indiquer toujours exactement l'âge des chasseurs et, s'ils sont mineurs ou domestiques, les noms de leurs père, mère, tuteur ou maître.

Les officiers et soldats en activité ou en congé sont passibles de la juridiction des tribunaux correctionnels. (*Avis du C. d'Etat,* 4 *janv.* 1806.)

A la fin de leurs procès-verbaux, les gendarmes devront donner des renseignements sur les habitudes du prévenu au sujet de la chasse, et faire connaître si, dans la contrée où il habite, il y a beaucoup de braconniers.

Les procès-verbaux sont sujets à l'enregistrement et au visa pour timbre.

Les délits de chasse se prescrivent après trois mois.

50. — CHASSES ET BATTUES AUX ANIMAUX NUISIBLES, *exécutées en vertu de l'arrêté du* 19 *pluv. an* V.

L'arrêté admet deux sortes de chasses : 1° les

chasses et battues générales ou particulières (*Art.* 2, 3, 4, *de l'arrêté*); 2° les chasses que les préfets sont autorisés par l'art. 5 à permettre aux particuliers ayant des équipages de chasse.

Les habitants d'une commune convoqués à une battue sont tenus de s'y rendre, sous peine d'une amende de 10 fr. (*Art.* 6 *de l'arrêt du Conseil du* 5 *fév.* 1697. — *Cass.*, 13 *brumaire an* II). Ils n'ont pas besoin d'être munis de permis de chasse.

51. — CHEMINS DE FER. (*L. du* 15 *juillet* 1845.)

Est punissable de la *réclusion* celui qui aura, soit détruit ou dérangé la voie de fer, soit placé sur la voie un obstacle à la circulation, soit employé un moyen quelconque pour entraver la marche des convois.

Circonstances aggravantes : 1° S'il y a eu homicide ou blessures; 2° si le crime a été commis en réunion séditieuse avec rébellion et pillage (*Art.*16-19).

Quand un pareil crime a été commis, s'appliquer surtout à rechercher les auteurs; car la constatation matérielle en est faite généralement et sûrement par les ingénieurs et officiers de police judiciaire. (*Art.* 315, *D. G.*)

La loi punit de peines correctionnelles : 1° la menace écrite, anonyme ou signée, de commettre un des crimes prévus ci-dessus. avec condition ou ordre de déposer une somme dans un lieu indiqué;

2° La menace écrite sans condition ;

3° La menace verbale avec ordre ou sous condition (*Art.* 18) ;

4° Celui qui, sur un chemin de fer, dans les gares ou stations aura, par imprudence, maladresse. négligence, inattention ou inobservation des lois. involontairement causé un accident qui aura occasionné des blessures ou la mort d'une ou plusieurs personnes. (*Art.* 19.)

Les affiches de toutes les gares contenant les contraventions à la police des chemins de fer, il n'est pas besoin de les énumérer ici. D'ailleurs, c'est, la plupart du temps, un fait matériel à constater

Les gendarmes ne doivent pas oublier qu'ils sont institués pour recevoir toutes les plaintes qui sont fondées, et qui constituent des faits punissables; ils n'ont nullement à se préoccuper des opinions ou observations des chefs de gare.

Quand ils verront des voyageurs embarrassés, ils feront bien de leur indiquer que, dans toutes les gares, il existe un registre spécial où ils peuvent inscrire leurs réclamations, de quelque nature qu'elles soient.

52.— COALITIONS. (*L. du 25 mai 1864.*)

Quiconque, à l'aide de violences, voies de fait, menaces ou manœuvres frauduleuses, aura amené ou maintenu, tenté d'amener ou maintenir une cessation de travail dans le but de forcer la hausse ou la baisse des salaires et de porter atteinte au libre exercice de l'industrie et du travail, sera, etc.

Ainsi, maintenant, les ouvriers et patrons peuvent librement se concerter entre eux et maintenir une cessation de travail sans encourir des peines, pourvu qu'ils n'emploient ni menaces, ni violences, etc.

Le procès-verbal doit constater les éléments constitutifs du délit et indiquer de plus si les faits ont été commis par suite d'un plan concerté à l'avance.

Sont punissables également : les ouvriers, patrons, entrepreneurs qui, à l'aide d'amendes, défenses, proscriptions, interdictions prononcées par suite d'un plan concerté, auront porté atteinte au libre exercice de l'industrie ou du travail. Ces articles s'appliquent aux propriétaires, fermiers, domestiques et ouvriers des campagnes.

La gendarmerie doit s'attacher à connaître et signaler les chefs, et s'efforcer de les arrêter si elle agit en cas de flagrant délit.

Lorsque les coalisés résistent, agir comme dans le cas d'attroupement.

Les commandants de brigade rendent compte sur-le-champ de ces événements qui nécessitent souvent des mesures promptes et énergiques.

53. — COALITION ENTRE LES DÉTENTEURS D'UNE MÊME MARCHANDISE.

V. *Marchandise (hausse ou baisse de).*

54. — COLPORTAGE D'IMPRIMÉS SANS AUTORISATION (*Art. 6 L. du 27 juill. 1849. — Art. 302 D. G.*).

Tous distributeurs ou colporteurs de livres, brochures, écrits, gravures ou lithographies devront être pourvus d'une autorisation du préfet de police à Paris, et du préfet dans les départements. Toute brochure, gravure, estampe, emblème, doit porter une estampille. (*Art 22 du 17 juill. 185[illegible].*)

Les colporteurs doivent être arrêtés et leurs livres saisis. L'exposition et la distribution de chansons sont astreintes aux mêmes formalités.

55. — COLPORTAGE ORDINAIRE. (*Art. 14 et 27 L. du 25 avril 1844.*)

Les colporteurs doivent être munis d'une patente indiquant la nature de leur commerce ; s'ils vendent hors de leur domicile sans patente, leurs marchandises doivent être séquestrées. Dans tous les cas, les procès verbaux sont transmis aux agents des contributions directes.

NOTE. — *Les gendarmes doivent exercer une surveillance active sur les individus qui vendent et colportent des gravures, lithographies, photographies, et rechercher si sur eux, dans les doubles fonds de leurs boîtes, dans des cannes, médaillons, livres, etc., ils n'ont rien d'obscène ou de politique.*

56. — COMPLOT CONTRE LA SURETÉ DE L'ÉTAT. (*Art. 89 § 2 C. p.*)

57. — COMPLOT POUR EXCITER A LA GUERRE CIVILE. (*Art. 91 § 2 C. p.*)

Le complot est la résolution d'agir concertée entre

deux ou plusieurs personnes dans le but de commettre tous les crimes prévus par *les art.* 89 *et* 91 *du Code pénal* (V. *Attentat*). — La résolution doit avoir un but bien positif et déterminé. Il ne faut pas confondre la résolution d'agir, qui doit avoir un but bien défini, avec des vœux, des menaces, ni même des projets. Le complot, fait moral antérieur à tout acte extérieur, se prouve par des inductions de faits matériels, d'écrits et de témoignages. *La gendarmerie qui croit être sur la trace d'un complot doit informer sur-le-champ ses supérieurs et exercer la surveillance la plus grande et la plus discrète sur les conjurés. — En attendant des ordres, elle doit les garder à vue ou les arrêter au besoin s'il y a urgence.*

58. — CONCUSSION. (*Art* 174 *C. p.*).

La concussion est le crime de tout individu revêtu d'un caractère public qui abuse de sa charge ou de son pouvoir pour exiger des droits qui ne lui sont pas dus.

Distinguer si la concussion est commise par un individu revêtu d'un caractère public, tels que percepteur des taxes et revenus publics et communaux, ou par son commis ou préposé, parce que, dans ce dernier cas, ce n'est qu'un délit correctionnel. Spécifier dans le procès-verbal la qualité de celui qui a fait la perception. Démontrer comment la perception n'était pas due ; relater les faits différents qui s'y rattachent. Énumérer le montant des perceptions illicites, etc.

59. — CONTREFAÇON DE CLEFS PAR UN SERRURIER. (*Art.* 399 § 2 *C. p.*)

Avoir soin de se faire remettre ou de saisir la clef contrefaite. Constatation ordinaire d'un procès-verbal.

Contrefaçon de clefs par un particulier, art. 399. — Mêmes observations.

60. — CONTREFAÇON OU ALTÉRATION DE MONNAIE D'ARGENT, DE BILLON, DE CUIVRE, AYANT COURS LÉGAL EN FRANCE, OU DE MONNAIES ÉTRANGÈRES ; ÉMISSION, EXPOSITION, INTRODUCTION EN FRANCE DESDITES MONNAIES. (*Art.* 132 *et* 133 C. p.)

Informer sur-le-champ le commandant d'arrondissement ; saisir immédiatement la pièce fausse et, en présence du détenteur, la renfermer dans une enveloppe scellée et signée. Pour s'assurer de sa fausseté, il faut la faire sonner, en examiner la tranche, la peser avec une pièce semblable, la couper un peu et, si l'on trouve à proximité un orfèvre, la lui faire examiner; rechercher et arrêter celui qui l'a mise en circulation; prévenir l'officier de police judiciaire le plus voisin et faire les perquisitions indispensables, tant au domicile que sur la personne du prévenu; suivre partout les faux monnayeurs; saisir les ustensiles à leur usage.

Quand on apprend que des pièces fausses circulent dans la circonscription d'une brigade, les gendarmes doivent immédiatement se les faire remettre et inviter les négociants, banquiers, marchands, etc. à retenir les individus qui seraient surpris les mettant en circulation, jusqu'à ce qu'ils soient arrivés.

Les individus qui travaillent les métaux sont ceux qui commettent le plus particulièrement ce crime.

L'individu qui émet une pièce fausse qu'il a reçue pour bonne, ne commet aucun délit s'il n'en a pas fait vérifier le vice et s'il la remet en circulation sans savoir qu'elle est fausse.

L'altération se fait en limant ces pièces, en les rognant, en les creusant ou en les traitant avec des acides.

Voir n° 108 ci-après (*Fausse monnaie reçue pour bonne*) et le n° 109 (*Coloration de monnaies*).

61. — CONTREFAÇON DE BILLETS DE LA BANQUE DE FRANCE, DES SCEAUX DE L'ÉTAT, DES EFFETS PUBLICS DES POINÇONS, DES TIMBRES ET MARQUES ET LEUR USAGE. (*Art. 139 C. p.*)

Mêmes constatations et précautions à prendre que dans le cas précédent.

Les billets de banque faux se reconnaissent par la comparaison en examinant attentivement le papier, la vignette, les lettres, les chiffres et les signatures.— La comparaison à la loupe peut faire reconnaître les fausses marques. — S'il s'agit d'une pièce d'écriture, il faut la faire signer par la personne qui la dépose ou sur laquelle on la saisit. Les comptables publics peuvent donner d'utiles renseignements en pareils cas.

62. — CONTREFAÇON ET USAGE DU SCEAU, TIMBRE OU MARQUE D'UNE AUTORITÉ QUELCONQUE D'UN ÉTABLISSEMENT PARTICULIER DE BANQUE OU DE COMMERCE. (*Art. 142 C. p.*)

L'examen attentif des empreintes, la forme des lettres, l'orthographe qualificative des noms propres ou de ville sert à reconnaître la contrefaçon.

63. — APPLICATION ET USAGE PRÉJUDICIABLE DES VRAIS SCEAUX, MARQUES OU TIMBRES QU'ON S'EST INDUMENT PROCURÉS. (*Art. 146 C. p.*)

Pour constituer le crime, il faut que l'accusé se soit procuré indûment les vrais sceaux, et qu'il en ait fait un usage préjudiciable aux droits et intérêts de l'Etat. Ce sont ces deux caractères du crime qu'il importe de bien faire ressortir dans le procès-verbal.

64. — CONTREFAÇON DU MARTEAU DE L'ÉTAT. (*Art. 146 C. p.*)

Mêmes observations qu'au numéro 63.

65. — CONTREFAÇON DU MARTEAU ET DES MARQUES FORESTIÈRES. (*Art.* 200 *C. f.*)

Mêmes observations qu'au numéro 63, et se renseigner auprès des agents forestiers.

66. — CONTREBANDE.

La gendarmerie réprime la contrebande en matière de douane et de contributions indirectes (*art.* 223, *L. du* 28 *avril* 1816.) *A cet effet, saisir les marchandises transportées en fraude et les objets servant à leur transport ; arrêter et conduire les contrebandiers, soit devant le maire de la commune qui constate le nombre et la valeur des objets saisis, soit devant le chef du service des douanes ou des contributions indirectes, qui se trouve au chef-lieu d'arrondissement. Dresser procès-verbal détaillé en précisant le lieu de l'arrestation, les moyens employés et la résistance qu'il a fallu vaincre. (Art.* 302 *D. G.)*

La contrebande en matières de *douane* s'entend de toutes marchandises prohibées, colportées ou transportées, vendues ou déposées en fraude.

La contrebande en matière de *contributions indirectes* comprend toute fraude commise au préjudice de l'Etat en faisant fabriquer, circuler, vendre ou débiter des marchandises non prohibées, sans avoir, au préalable, acquitté les droits à la régie.

Se reporter aux lois des 28 février 1872 et 21 juin 1873, ainsi qu'à l'instruction du ministre des finances du 20 mars 1872 pour la répression de la fraude sur les spiritueux. (*Mémorial* 8e vol., p. 242 et 572.)

La gendarmerie ne peut contrôler la quantité de boissons dans les caves, la fabrication dans les usines ni les plants de tabacs.

En matière d'octroi, sauf dans les cas de circulation de boissons, les gendarmes ne doivent pas dresser de procès-verbaux, mais seulement signaler les fraudes aux employés.

En matière de *cartes à jouer,* la fraude comprend la fabrication, l'introduction en France, la vente et le colportage sans autorisation. — Les cafetiers et cabaretiers sont passibles de peines si l'on se sert chez eux de cartes prohibées, même apportées par les joueurs. (*Art.* 166, 167 *L. du* 28 *avril* 1816.)

En matière de *tabacs*, sont défendus l'achat, la vente, la fabrication et le colportage sans autorisation de la régie. — L'introduction en France de tabacs étrangers, la culture du tabac et la possession de feuilles sans autorisation. (*Art.* 172 *et* 215 *et suiv., L. du* 28 *avril* 1816.)

En matière de sel, la gendarmerie a qualité pour réprimer la fraude, mais seulement dans un rayon de 15 kil. autour des mines de sel. (*L. du* 17 *juin* 1840.)

Allumettes chimiques.

La gendarmerie est chargée de réprimer la fraude en matière d'allumettes chimiques, et en cas de saisie elle a droit à la moitié des amendes recouvrées. De plus il lui est dû 10 francs pour l'arrestation de chaque fraudeur conduit devant le directeur ou le sous-directeur des contributions indirectes.

Voir les lois des 4 septembre 1871, art. 8, § 2, et 28 janvier 1875. — *Journal officiel* des 16 septembre 1871 et 7 février 1875.

Plus le décret du 10 août 1875 qui fixe à 10 fr. pour les agents la prime d'arrestation de chaque fraudeur, et la circulaire du directeur général des contributions indirectes, en date du 13 du dit, indiquant la manière de procéder en cas d'arrestation et de répartition d'amendes.

67. — CORRUPTION (*Art.* 177 *C. p.*)

La corruption se constituant par le concours des circonstances suivantes, il faut 1° que la personne corrompue soit un fonctionnaire de l'ordre administratif ou judiciaire, un agent ou un préposé d'une administration publique, ce qui comprend jusqu'aux secrétaires de mairie et aux simples cantonniers; 2° qu'elle ait agréé des offres ou promesses, ou reçu des dons ou présents; 3° que ces dons, offres ou promesses aient pour objet un acte de sa fonction non sujet à salaire.

Le rédacteur du procès-verbal, pour être complet, doit bien se pénétrer des caractères constitutifs du crime et diriger ses recherches de manière à les établir clairement.

68. — CORRUPTION D'UN JURÉ, EN FAVEUR OU AU PRÉJUDICE DE L'ACCUSÉ. (*Art.* 177 *et* 181 *C. p.*)

69. — CORRUPTION DE FONCTIONNAIRES PUBLICS ET TENTATIVE DE CE DÉLIT. (*Art.* 179 *C. p.*)

Ce délit résulte des menaces de contrainte, de promesses, de dons envers un fonctionnaire ou agent, en vue d'un acte de son ministère.

Il y a tentative de corruption dans l'offre faite par un délinquant, à un gendarme, qui l'a arrêté, d'une somme d'argent pour sa mise en liberté ou pour obtenir qu'il ne rédige pas un procès-verbal. (*Cass.*, 20 *mai* 1858.) *Les gendarmes, dès qu'ils sont l'objet de pareils délits, doivent en dresser un procès-verbal scrupuleux. La dignité de l'arme y est intéressée. — Les gardes-champêtres et particuliers commettent souvent ces délits.*

70. — COUPE DE GRAINS OU FOURRAGE EN VERT, APPARTENANT A AUTRUI. (*Art.* 450 *et* 455 *C. p.*)

Ce délit diffère de la dévastation de récoltes (*art.* 444 *C. p.*), du vol de récoltes (*art.* 388 *C. p.*); car dans ce fait l'agent ne s'approprie pas, il se contente de couper, il faut l'intention de nuire à autrui. Il n'y aurait pas de délit si la coupe était l'effet d'une erreur.

Il faut indiquer si la coupe des grains a eu lieu en vert, la nuit, ou en haine d'un fonctionnaire public.

71. — COUPS ET BLESSURES. (*Art.* 309 *et suiv. C. p. L. du* 13 *mai* 1863.)

L'art. 311 réprime les coups et blessures, violences, voies de fait volontaires. On entend par *blessures*, toutes lésions produites sur le corps humain par le rapprochement ou le choc d'un instrument, d'une arme ou d'un objet quelconque. Une brûlure est une blessure.

Les *coups* sont des chocs imprimés sur le corps humain. Une *violence* consiste dans le fait de saisir quelqu'un par une partie du corps.

Pousser quelqu'un, lui cracher au visage, lui arracher les cheveux est une *voie de fait*.

Les circonstances aggravantes sont :

1° *La préméditation*, c'est-à-dire le dessein formé à l'avance de porter des coups ou de faire des blessures à la personne attaquée. (*Art.* 311, 297 *C. p.*)

2° *Le guet-apens*, c'est-à-dire l'attente d'une personne dans un lieu désigné pour exercer sur elle des actes de violence. (*Art.* 311, 298 *C. p.*)

Il faut bien distinguer si l'intention n'était pas de tuer la personne, intention résultant de la nature de l'arme dont on s'est servi et de la partie du corps sur laquelle on a dirigé les coups, car alors ce serait une tentative d'assassinat.

3° *La maladie ou incapacité de travail* pendant plus de vingt jours. (*Art.* 309 *C. p.*)

Il faut qu'il y ait entre la maladie et les violences, corrélation de cause et d'effet. Si la maladie a pris germe dans une cause étrangère (l'imprudence de la victime, l'impéritie du médecin, etc.), l'agent ne peut en être déclaré responsable.

Il y a incapacité de travail toutes les fois que l'individu malade ne peut, sans imprudence, se livrer à son travail habituel. (*Cass.*, 21 *mai* 1834.)

4° *Si les violences* ont été suivies *de mutilation, amputation* ou *privation de l'usage d'un membre, cécité, perte d'un œil* ou *autres infirmités permanentes.* (*Art.* 311 *C. p.* — *L. du* 13 *mai* 1863.)

5° *Les coups qui, portés sans l'intention de donner la mort, l'ont pourtant occasionnée. Il importe de faire ressortir dans le procès-verbal que la mort a été le résultat des coups, mais que l'auteur par ses actes et ses paroles n'avait pas l'intention de la donner.*

6° *Les blessures ou coups portés* par un individu à

ses père et mère légitimes, naturels ou adoptifs ou autres ascendants. *(Art. 312 C. p.)*

7° *Les coups et blessures commis en réunion séditieuse avec rébellion et pillage. (Art. 313 C. p.)*

8° *Les coups* portés *par un mendiant ou vagabond. (Art. 279 C. p.)*

9° *Les coups* n'ayant produit aucune blessure ainsi que les violences ou voies de fait *envers un magistrat dans l'exercice de ses fonctions. (Art. 228 C. p.)*

10° *Les violences ou voies de fait envers un officier ministériel, un agent de la force publique, un citoyen chargé d'un ministère du service public,* dans l'exercice ou à l'occasion de l'exercice de leurs fonctions, avec ou sans effusion de sang. *(Art. 230 et 231 C. p.)*

Constatations. — *Quand les coups ou blessures n'ont aucune gravité, si elles ont laissé des traces de contusion, la gendarmerie les constate, soit de visu, suivant l'endroit du corps où elles sont placées, soit par les déclarations des témoins ou du plaignant, sans avoir besoin de recourir à un médecin.*

Il faut s'efforcer de faire connaître les motifs qui ont provoqué la scène, son début, la manière dont les premiers coups ont été portés. L'agresseur est souvent la victime; fournir les renseignements sur les habitudes du plaignant et du prévenu. S'il y a plusieurs individus, la part que chacun a prise à la rixe. Indiquer si la victime a été frappée par derrière, à terre, quand elle n'était pas en état de se défendre.

L'arme qui a servi à porter les coups (bâton, pierre, couteau, etc.) doit toujours être saisie, si c'est possible. Pour établir le guet-apens, il faut désigner l'endroit où le coupable a attendu sa victime, pendant quel laps de temps, s'il savait qu'elle devait passer par là.

Pour la préméditation, il importe de faire expliquer les témoins sur les rapports antérieurs des assaillants, les menaces et les propos qui ont été proférés.

Quand les blessures sont graves, la gendarmerie doit se transporter sur les lieux dès qu'elle est avertie. Elle invite la famille à faire visiter le blessé par un médecin, saisit les vêtements percés, maculés ou ensanglantés et les instruments du crime. En cas de flagrant délit, si le médecin estimait que la mort de la victime ou la perte d'un membre doit avoir lieu prochainement, elle peut arrêter le coupable, autrement c'est au juge d'instruction qu'appartient cette mesure.

Quand le décès du blessé arrive, on prévient par ordonnance le procureur de la République.

Toutes les circonstances qui peuvent aggraver les faits énumérés ci-dessus, doivent être l'objet de sérieuses investigations.

Il faut souvent faire attention si la victime ne simule pas des blessures. Si on a des doutes sur la sincérité des déclarations des témoins, qui peuvent avoir intérêt à ménager plutôt le prévenu que la victime, on doit l'indiquer.

Si le prévenu invoque la légitime défense, il faut vérifier s'il a été obligé de frapper ou de blesser pour se garantir d'une attaque violente ou dangereuse dirigée contre sa personne ou celle d'un tiers dont il a pris la défense; car cette circonstance, si elle est bien établie, fait disparaître le délit.

Il en est de même s'il a été provoqué à frapper parce qu'il aurait été l'objet de violences graves de la part du blessé; il faut examiner et faire connaître ses allégations sur ce point, parce que le crime ou délit serait excusable dans ce cas.

72. — COUPS ET BLESSURES INVOLONTAIRES.
(Art. 320 C. p.)

Pour constituer ce délit, il faut que les blessures involontaires aient été occasionnées par défaut de précaution ou d'adresse, inattention, imprudence, ou inobservation des règlements. — Le conducteur qui, voulant éviter une autre voiture, renverse un passant, le maçon qui laisse tomber une pierre, etc., commettent des *maladresses*. Il y a *imprudence* de la part d'un charretier qui n'est pas maître habituellement de ses chevaux, *négligence* de la part de celui qui laisse une trappe ouverte, *défaut de précaution*, en tirant des coups de fusil de manière à effrayer des personnes ou des animaux, etc.

Il faut bien exprimer la cause et les conséquences de l'accident, afin que le procureur de la République puisse apprécier le délit à sa juste valeur. Quand des règlements ont été inobservés, indiquer la date de ces règlements.

73. — CRIEURS PUBLICS. *(L. du 16 fév. 1834.)*

Ils doivent être munis d'une autorisation. La loi du 10 décembre 1830 punit les crieurs de faux extraits de journaux, de jugements ou actes de l'autorité.

Ainsi spécifier le fait de non autorisation et la nature de l'annonce qui a été faite.

74.— CRIS SÉDITIEUX PUBLIQUEMENT PROFÉRÉS. *(Art. 8 de la loi du 22 mars 1822.)*

La loi n'a pas défini ce qu'il fallait entendre par cris séditieux et en laisse l'appréciation aux juges. Il faut que le cri soit de nature à exciter un désordre quelconque, ainsi : Vive la commune, à bas les riches, à bas l'Assemblée nationale, etc.

Rapporter toujours textuellement le cri, indiquer le lieu où il a été proféré, l'effet qu'il a produit, et donner des renseignements politiques sur l'auteur.

75. — DÉCLARATION DE NAISSANCE (DÉFAUT DE). *(Art. 346 C. p.)*

Fait matériel à constater.

76. — DÉLITS RURAUX. *(L. du 28 sept. 1791.)*

Pour quelques-uns de ces délits, les amendes étant

fixées d'après le dommage causé, il importe de l'estimer toujours dans le procès-verbal. Les principaux délits ruraux de la compétence des tribunaux correctionnels sont : 1° *L'inondation du terrain d'autrui;* 2° *la garde à vue des bestiaux dans les récoltes d'autrui;* 3° *la destruction de bestiaux ou chiens de garde ou les blessures faites à ces animaux* (V. *Animaux*); 4° *l'enlèvement d'engrais portés sur les terres;* 5° *le maraudage de bois dans les plantations d'arbres.* (*L.* 28 *sept.* 1791.)

77. — DÉGRADATION DE MONUMENTS PUBLICS. (*Art.* 257 *C. p.*)

Ce délit consiste dans la destruction, l'abatage, la mutilation ou la dégradation de monuments, statues et autres objets destinés à la décoration ou à l'utilité publique. — *Bien indiquer le fait matériel et l'intention qui a dirigé le coupable.*

78. — DÉNONCIATION CALOMNIEUSE. (*Art.* 373 *C. p.*)

Pour constituer ce délit, il faut que la dénonciation ait été faite par écrit et soit adressée à un officier de justice ou de police judiciaire ; par conséquent les gendarmes n'ont pas à s'occuper de ce délit, à moins qu'ils ne soient eux-mêmes l'objet de la dénonciation, alors ils ne pourraient agir avant de consulter leurs chefs.

79. — DESTRUCTION DE CLÔTURES. (*Art.* 456 *C. p.*) (V. *art.* 322 *D. G.*)

L'art. 456 punit celui qui aura en tout ou partie: 1° *Détruit des clôtures* de quelques matériaux qu'elles soient faites; 2° *comblé des fossés;* 3° *coupé ou arraché des haies vives ou sèches;* 4° *déplacé ou supprimé des bornes,* pieds corniers ou arbres servant à la délimitation des héritages. *Il importe de bien constater le fait sur les lieux et d'estimer le plus exactement possible le montant du préjudice causé, puisque l'amende qui sera prononcée, devra être du quart des dommages-intérêts. — Casser des vitres est un bris de clôture. — Le fermier qui, sans idée de fraude, détruit des clôtures, ne commet pas de délit. (Cass., 20 nov. 1816.) — Renseigner exactement sur les antécédents et les habitudes du prévenu. — Mentionner s'il se prétend propriétaire de la clôture détruite et si la destruction a eu lieu clandestinement pour se créer un droit de propriété.*

80. — DESTRUCTION DE GREFFES.
(*Art. 447 et 455 C. p.*)

Voir le mot *Arbres abattus* pour les constatations à faire. — *Indiquer le nombre de greffes détruites.*

81. — DESTRUCTION D'INSTRUMENTS D'AGRICULTURE, DE PARCS DE BESTIAUX. (*Art. 451, 455 C. p.*)

Ce délit est toujours inspiré par la méchanceté. *Il faut s'attacher dans le procès-verbal à démontrer que l'intention de nuire existait chez l'inculpé. Il est quelquefois difficile de découvrir l'auteur qui a profité de la nuit pour commettre son méfait. Les traces de pas laissées sur le sol sont souvent les indices matériels les plus certains; il faut saisir les instruments brisés s'ils ne sont pas volumineux, ainsi que l'instrument qui a servi à commettre le délit, car l'inspection de l'objet brisé fait souvent présumer quel peut en être l'auteur; et évaluer le dommage causé, parce que ce renseignement est nécessaire pour la fixation de l'amende.*

82. — DESTRUCTION DE CONSTRUCTIONS APPARTENANT A AUTRUI. — EXPLOSION DE MACHINES A VAPEUR. (*Art. 437 C. p. — L. du 13 mai 1863.*)

Constater le fait matériel de la destruction, si ce sont des édifices, des ponts, digues ou chaussées. Pour l'explosion de machines à vapeur, il faut désigner la manière dont elle a eu lieu, le moyen em-

ployé; rechercher le coupable, l'interroger pour savoir s'il ne serait pas propriétaire de l'objet détruit, car, alors le crime serait douteux, puisqu'il faut que les constructions appartiennent à autrui.

Si la destruction a causé un homicide ou des blessures, il faut l'indiquer.

Celui qui se sera opposé par voie de fait à la confection de travaux autorisés par l'Etat sera susceptible de peines correctionnelles.

83. — DESTRUCTION DE REGISTRES, MINUTES OU ACTES DE L'AUTORITÉ PUBLIQUE, TITRES, BILLETS, EFFETS DE COMMERCE ET AUTRES ACTES CONTENANT OBLIGATION, DISPOSITION OU DÉCHARGE. (*Art. 439 C. p.*)

Peu importe le mode de destruction ; il faut qu'elle ait eu lieu volontairement. *Toute l'information doit porter sur le but que s'est proposé le coupable, sur la manière dont les titres ont été détruits. Indiquer l'endroit où ils étaient renfermés, ce qu'ils contenaient; s'il y avait des copies, se les faire remettre et les joindre au procès-verbal.*

84. — DÉTÉRIORATION DE MARCHANDISES, MATIÈRES OU INSTRUMENTS QUELCONQUES DE FABRICATION. (*Art. 443 L. du 13 mai 1863.*)

Ce délit doit avoir été commis volontairement à l'aide d'une liqueur corrosive ou par tout autre moyen. Il est toujours inspiré par la méchanceté ou un désir de vengeance ou de rivalité. Exemple : Un tisserand dont la toile aurait été coupée sur son métier.

Il importe d'évaluer le dommage et d'indiquer si le délit a été commis par des ouvriers ou commis de la fabrique. Celui qui dénonce le fait ou s'en plaint doit presque toujours être en mesure de donner tous les renseignements utiles.

85.— DÉTOURNEMENT PAR LE SAISI DES OBJETS SAISIS SUR LUI ET CONFIÉS A SA GARDE OU A LA GARDE D'UN TIERS. (*Art. 400 et 401 C. p.*)

Il importe, dans le procès-verbal, d'établir qu'une

saisie régulière avait eu lieu et que les objets détournés en faisaient partie.

86. — DÉVASTATION DE RÉCOLTES OU DE PLANTS. (*Art. 444 C. p.*)

Il s'agit de la dévastation qui frappe des récoltes ou des plants venus naturellement, semés ou plantés par l'homme, épars ou groupés.

Ce délit étant toujours inspiré par l'intention de nuire, il faut qu'elle ressorte dans le procès-verbal. Les traces laissées sur le sol sont souvent les indices les plus certains qui font découvrir le coupable.

87. — DUEL.

La Cour de cassation a décidé constamment que les coups, les blessures, l'homicide et sa tentative, qui avaient eu lieu en duel, devaient être réprimés comme s'ils avaient été commis sans cette circonstance. Elle a décidé également que les témoins du duel et les personnes qui avaient prêté les armes dont on avait fait usage devaient être poursuivis comme complices. (*Arrêt du 22 déc. 1837.*)

Ainsi, lorsque, dans un duel, des coups ont été portés, des blessures faites, un homicide commis, procès-verbal doit être dressé avec le même soin que s'il s'agissait d'un crime proprement dit : les armes doivent être saisies, etc. Seulement, comme ces faits sont loin d'offrir le caractère odieux des crimes ordinaires contre les personnes, les combattants et leurs témoins ne doivent pas, à beaucoup près, être traités avec la même sévérité que des prévenus de délits communs.

Il n'en devrait pas être ainsi si le duel n'avait pas eu lieu avec une parfaite égalité de chances, tant pour la défense que pour l'attaque ; si, par exemple, l'un des combattants s'était servi d'une arme meilleure ou plus sûre que son adversaire, s'il avait tiré sur lui sans avoir à essuyer son feu et à une si courte distance qu'il fût à peu près certain de l'atteindre, etc. Dans ce cas et d'autres semblables, l'auteur des blessures ou de l'homicide, les témoins qui les ont favorisés, doivent être poursuivis avec la même rigueur que si le meurtre, etc., n'eût pas été commis en duel.

88. — EFFETS MILITAIRES (ACHAT D').
(*Art. 3. L. du 28 mars 1793*).

Fait matériel à constater.

89. — ÉLECTIONS. (*D. du 2 fév. 1852.*)

Sont des délits :

1° L'inscription sur les listes sous de faux noms ou de fausses qualités, ou par un individu frappé d'incapacité électorale, ou sur plusieurs listes ;

2° Le fait d'avoir voté deux fois ;

3° Le fait de celui qui, chargé d'écrire un suffrage, aura écrit un autre nom que celui qui lui aura été désigné ;

4° Les promesses ou l'acceptation des promesses pour donner ou procurer des suffrages, ou pour déterminer une abstention ;

5° Le fait d'avoir influencé un vote ou déterminé une abstention à l'aide de voies de fait, violences, menaces ou craintes ;

6° Le détournement, la suppression de suffrages ou l'abstention à l'aide de fausses nouvelles, bruits calomnieux ou autres manœuvres frauduleuses ;

7° Le trouble apporté par attroupements ou clameurs menaçantes, aux opérations électorales ;

8° L'irruption dans un collége, tentée ou consommée avec violences ;

9° Les outrages, violences, voies de fait, envers un membre de bureau, avec retard ou empêchement des opérations électorales, ou violation du scrutin.

Sont des crimes :

1° L'irruption dans un collége électoral avec armes;

2° L'enlèvement de l'urne contenant les suffrages, avant le dépouillement du scrutin, avec violence ou en réunion,

3° La violation du scrutin, soit par les membres du bureau, soit par les agents de l'autorité.

Nulle force armée ne peut, sans l'autorisation du président, pénétrer dans la salle des séances. Les commandants de brigade doivent déférer aux réquisitions du président. (*Art. 11 D. du 2 fev. 1852.*)

Les faits de cette nature doivent être constatés avec réserve et ne faire l'objet de procès-verbaux que lorsqu'ils sont parfaitement établis, qu'ils produisent du scandale et ont de la gravité. Il faut se garder d'exciter l'ardeur des luttes électorales par un zèle inconsidéré, et savoir toujours faire la part des entraînements irréfléchis. De sages avis et des conseils émis à propos sont de nature à calmer les esprits; mais la gendarmerie ne doit jamais hésiter devant son devoir. A moins de circonstances graves et exceptionnelles, elle fera bien de consulter ses chefs avant de rédiger le procès-verbal.

90. — EMBAUCHAGE. (*L. du 4 nivôse an* IV, *art.* 2.)

Est embaucheur celui qui, par argent, liqueurs enivrantes ou tout autre moyen, cherche à éloigner de leurs drapeaux, pour les faire passer à l'ennemi, à l'étranger ou aux rebelles, les défenseurs de la patrie, ou simplement les y engage

91. — EMEUTE.

V. *Attroupement.*

92. — EMPOISONNEMENT. (*Art.* 302 *C. p.*)

Voir les observations générales, v° *Homicide volontaire.*

En outre, rechercher les aliments empoisonnés,

les vases qui les ont renfermés, les enveloppes du poison, et les mettre sous clef. Si des déjections, des urines existent encore, les conserver avec soin. Si les vomissements ont eu lieu par terre, soit sur un plancher, soit sur la terre même, se faire indiquer la place, la préserver de tout contact et la montrer aux magistrats. Si des animaux étaient morts après avoir mangé, soit des aliments empoisonnés, soit des déjections, il faudrait s'emparer de leurs restes. Dans les campagnes, les empoisonnements ont lieu à l'aide du sulfate de cuivre qu'on emploie pour le chaulage des blés, de l'arsenic, du phosphore, de certaines plantes qui croissent dans les champs, en un mot, des poisons que les paysans ont à leur portée.

Faire raconter aux témoins tous les symptômes éprouvés par le malade. S'il est enterré, entendre ceux qui l'ont assisté pendant sa maladie et l'ont enseveli. Rechercher si la mort de la victime procure des avantages pécuniaires à quelqu'un, anéantit des haines ou des rivalités, assouvit une vengeance.

Faire des recherches sur les registres des pharmaciens, épiciers et droguistes.

ENFANTS (CRIMES ET DÉLITS CONTRE LES).

V. *Exposition d'enfants.*

93. — ENLÈVEMENT DE MINEURS. (*Art. 354 C. p.*)

Pour constituer ce crime, il faut établir : 1° *Le fait de l'enlèvement ou du détournement* par le ravisseur, qu'il ait lieu directement ou par intermédiaire, mais dans le but de soustraire un mineur à l'autorité de ses parents, par conséquent, relater les moindres détails de l'affaire ; 2° établir que cet enlèvement a eu lieu *par fraude ou violences;* 3° indiquer *l'âge* de la fille ; 4° pour la fille au-dessous de quinze ans, dire si elle a *consenti* à son enlèvement ou *suivi volontairement* son ravisseur, et noter l'âge de ce dernier. L'enlèvement d'une mineure de plus de seize ans, par un mineur de moins de vingt-et-un ans, sans fraude ni violence, ne constitue pas de crime. (*Cass, 9 août* 1816.)

L'art. 354 ne fait aucune distinction entre les deux sexes. L'enlèvement momentané n'est pas à l'abri de la peine, pourvu qu'il soit sérieux; une simple partie de plaisir, une promenade ne saurait être considérée comme tel, sans être accompagnée d'autres circonstances.

94. — ENLÈVEMENT OU DÉGRADATION DE SIGNES PUBLICS DE L'AUTORITÉ DU GOUVERNEMENT. (*Art.* 6 D. *du* 11 *août* 1848.)

Comme il faut que cet enlèvement soit opéré en haine ou mépris du gouvernement, ces éléments doivent ressortir du procès-verbal.

95. — ENRÔLEMENT DE SOLDATS ET DISTRIBUTION D'ARMES. (*Art.* 92 *C. p.*)

Dès qu'un fait semblable est connu, prévenir ses chefs et agir énergiquement.

96. — ENTRAVES APPORTÉES A LA LIBERTÉ DES ENCHÈRES. (*Art.* 412 *C. p.*)

Fait matériel.

97. — ESCROQUERIE. (*Art.* 405 *C. p.*)

Ce délit est du genre de ceux que l'on nomme complexes; il se constitue de divers éléments sans la réunion desquels il n'est pas punissable. La définition qu'en donne le Code pénal (*art.* 405) est bien loin d'être claire: aussi on confond avec l'escroquerie légale des actes d'improbité ou même de friponnerie que la morale réprouve et flétrit, mais qui ne tombent pas directement sous l'application de la loi pénale ; ainsi on qualifie communément d'escroquerie le fait de quitter une auberge sans solder sa dépense ; d'abandonner une ville en emportant des marchandises achetées sans les payer, etc. Ces faits, lorsqu'ils n'ont pas été accompagnés de quelqu'une des circonstances caractérisées par l'art. 405, ne peuvent donner lieu qu'à une action civile. Il faut donc se bien pénétrer des éléments légaux de l'escroquerie afin d'éviter de constater des faits non punissables et d'un autre côté, de ne pas laisser passer une véritable escroquerie sans poursuites.

D'après le Code, se rend coupable *d'escroquerie* celui qui se fait remettre ou délivrer des fonds, des meubles, des obligations, dispositions, billets, et *s'approprie* ou *tente de s'approprier* ainsi tout ou partie de la fortune d'autrui :

1° Soit en faisant usage de *faux noms* ou de *fausses qualités ;* — par exemple, en prenant le nom d'une personne dont le crédit est notoire ou en prenant la qualité de mandataire, domestique, commis, etc. de cette personne. Dans cette première espèce d'escroquerie, il ne faut que deux circonstances pour constituer le délit : la remise de fonds et l'usage d'un faux nom ou d'une fausse qualité.

2° Soit en employant des *manœuvres frauduleuses* pour persuader l'existence d'une fausse entreprise, d'un pouvoir ou d'un crédit imaginaire, ou pour faire naître l'espérance ou la crainte d'un succès, d'un accident ou de tout autre événement chimérique. (*Art. 405 C. p.*)

Dans cette seconde espèce d'escroquerie, il faut, on le voit, trois circonstances pour constituer le délit : 1° la *remise des fonds* comme dans la première ; 2° l'emploi de *manœuvres frauduleuses ;* 3° le dessein de persuader *l'existence d'un crédit imaginaire*, etc., ou de faire naître l'espérance d'un événement chimérique.

Si l'une de ces trois circonstances manque, il n'y a plus de délit, quelque immorale que puisse être l'intention de son auteur.

Maintenant on entend par *manœuvres frauduleuses*, les démonstrations, les suppositions, les récits mensongers appuyés de faits matériels, avec lesquels on exploite la crédulité, on capte la confiance d'autrui.

Quant aux fausses entreprises, au crédit imaginaire, aux événements chimériques, des exemples les feront mieux comprendre que les explications les plus détaillées :

Un individu se présente chez un particulier comme le fondateur d'un établissement industriel avantageux: il lui en vante les bénéfices, il lui en exhibe les plans quoique cette entreprise n'existe pas, et il se fait remettre une somme ou une obligation par son crédule auditeur devenu son actionnaire. Voilà tout à la fois la remise des fonds, les manœuvres frauduleuses, la persuasion de l'existence d'une fausse entreprise; l'escroquerie est complète.

Si l'escroc, à l'aide de semblables moyens, persuade à sa dupe qu'il a le pouvoir de la guérir avec des amulettes, des sortilèges, etc., d'une maladie grave et sans avoir recours à aucun remède, il s'arroge le pouvoir imaginaire dont parle le Code; il y a encore escroquerie.

De même si, au jeu, il emploie des cartes préparées d'avance, ou biseautées, ou fait usage de dés pipés, il fait naître chez son adversaire de bonne foi, l'espérance d'un événement chimérique, c'est-à-dire du gain de la partie qui est assuré à l'escroc; l'enjeu de la dupe constitue la remise des fonds, etc.

Il en est de même pour le saltimbanque, le bateleur qui, avec ses gobelets, ses tarots ou son porte-voix, persuade à l'habitant de la campagne pris au piège, qu'il lui fera trouver un trésor, et se fait compter le prix de cette prétendue révélation.

Pour le filou qui, en contrefaisant un étranger, demande à échanger à perte de l'or pour de l'argent, mais qui, en réalité, au lieu d'or, ne donne que du cuivre. (Cette espèce d'escroquerie est connue depuis longtemps sous le nom vulgaire de vol au charriage, à l'américaine ou à la polonaise.)

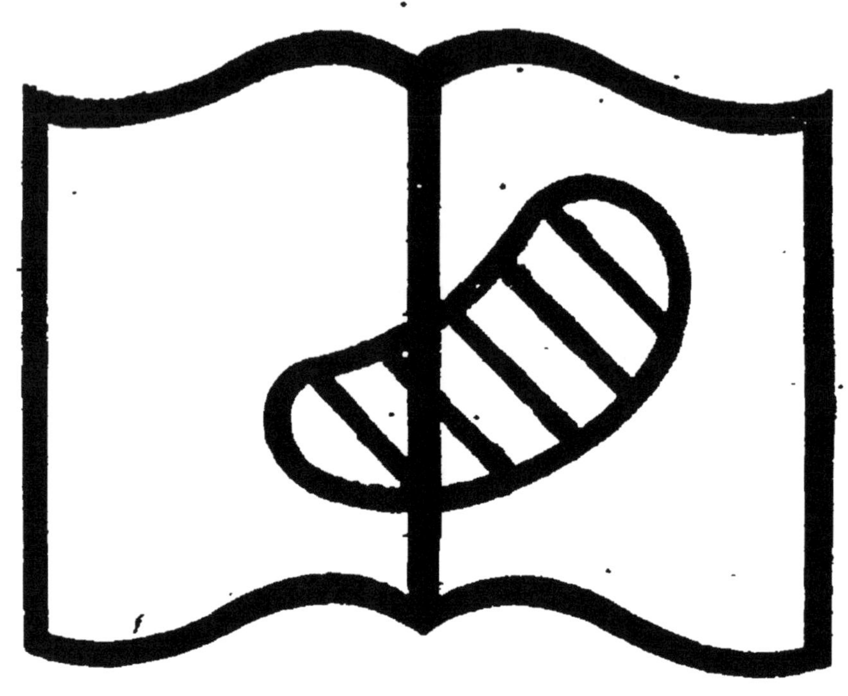

Pour celui enfin qui, par le récit de ses prétendues relations avec l'autorité supérieure, persuade à un père de famille qu'il fera obtenir à son fils, moyennant une certaine somme, un numéro qui l'exemptera du service militaire ou un certificat constatant des infirmités supposées et de nature à l'en dispenser également.

Ces exemples, qu'il serait facile de multiplier, reproduisent tous les éléments de l'escroquerie et rappellent en même temps quelques-unes des principales ruses employées par les escrocs de profession. *(Berriat-Saint-Prix.)*

L'individu qui se fait servir à boire et à manger sans avoir le moyen de payer, commet une escroquerie. (*Loi du 23 juillet 1873.*)

98. — ÉVASION DE DÉTENUS. *(Art. 237 à 248 C. p.)*

Lorsqu'un détenu, prévenu, accusé ou condamné pour délits ou crimes de nature à entraîner une peine afflictive à temps, s'évade, les préposés à sa conduite ou à sa garde sont punis de peine correctionnelles variant de six jours à deux ans de prison, s'il y a eu de leur part négligence ou même connivence.

Si l'évadé était sous le coup d'une peine capitale ou perpétuelle, son gardien qui aurait connivé à son évasion serait passible de la réclusion.

En ce qui concerne le détenu, l'évasion n'est punissable que si elle a lieu par bris de prison ou par violence. *Ce sont ces deux éléments qu'il faut constater avec soin dans les délits de ce genre.*

Les tiers qui ont favorisé ou connivé à une évasion sont passibles de peines correctionnelles. *Il faut bien faire ressortir dans le procès-verbal leurs agissements et les moyens qu'ils ont employés à cet effet.*

99. — ESTAMPES, IMAGES, GRAVURES, PHOTOGRAPHIES, CONTRAIRES AUX MŒURS. *(Art. 287 C. p.)*

Opérer la saisie. — Pour le surplus, v. Colporteurs.

100. — EXCITATION PUBLIQUE A LA HAINE OU AU MÉPRIS DES CITOYENS LES UNS CONTRE LES AUTRES. *(Art. 7 D. du 11 août 1848.)*

Avoir soin de bien préciser les paroles prononcées, le but de l'auteur et le lieu où le délit a été commis.

101. — EXCITATION PUBLIQUE A LA HAINE OU AU MÉPRIS DU GOUVERNEMENT. *(Art. 4. L. du 25 mars 1822.)*

Mêmes observations qu'à l'article précédent.

102. — EXCITATION A LA DÉBAUCHE.

V. *Attentat aux mœurs.*

103. — EXPOSITION, DISTRIBUTION OU MISE EN VENTE DE SIGNES OU SYMBOLES SÉDITIEUX. *(Art. 6 L. du 25 mars 1822.)*

Ne jamais omettre de saisir les signes ou symboles séditieux.

104. — EXPOSITION D'ENFANTS. *(Art. 345 et 349 C. p. — L. du 13 mai 1863.)*

1° Les coupables d'enlèvement, de recélé ou de suppression d'un enfant, de substitution d'un enfant à un autre ou de supposition d'un enfant à une femme qui ne sera pas accouchée, seront punis de la réclusion, ainsi que ceux qui, chargés d'un enfant, ne le représenteront pas aux personnes qui auront le droit de le réclamer.

Faire attention que ces crimes se commettent souvent à l'aide de fausses écritures. Etablir par les recherches :

1° Le fait matériel de l'enlèvement; 2° que l'enfant est né vivant, et 3° que les traces de son existence ont été effacées dans l'intention de changer ou de supprimer son état.

2° Ceux qui auront exposé ou donné l'ordre d'exposer dans un lieu solitaire ou non, un enfant de moins de sept ans seront punis de peines correctionnelles.

Spécifier les circonstances et le lieu de l'exposition, ainsi que l'âge de l'enfant et relater si le fait provient des parents, tuteurs ou instituteurs de l'enfant; si, par suite de l'exposition, l'enfant est demeuré mutilé ou estropié, ou si la mort s'en est suivie. Il faut avoir soin d'indiquer cette dernière circonstance.

105. — EXTORSION DE SIGNATURES, D'ÉCRITS, D'ACTES, ETC. *(Art. 400 C. p.)*

Pour que le crime existe, il faut que l'extorsion ait lieu avec force, violence ou contrainte; *il importe de bien caractériser ces circonstances dans le procès-verbal. Se faire représenter l'acte; le rechercher, le saisir ou désigner l'endroit où il se trouve, si on le connaît. Recevoir minutieusement la déclaration du plaignant, dire s'il a été fait usage de la pièce extorquée.*

106. — FABRIQUES ET MANUFACTURES (DURÉE DU TRAVAIL DES ENFANTS ET DES ADULTES DANS LES). *(Art. 4 D. du 9 sept. 1848 et du 17 mai 1851. — L. du 22 mars 1841.)*

Les règlements concernant le travail des enfants doivent être affichés dans les ateliers; il suffit de les consulter pour connaître les diverses contraventions qui peuvent être commises. — *L'âge de l'enfant, la durée et la nature du travail sont les faits à constater principalement dans le procès-verbal.*

107. — FALSIFICATION DE DENRÉES ALIMENTAIRES ET MÉDICAMENTEUSES ET DES BOISSONS. *(L. des 27 mars 1851 et 3 mai 1855.)*

La loi ne poursuit que les *falsifications* qui concernent les *denrées alimentaires* et *médicamenteuses* et les *boissons*.

La *falsification* consiste dans toute altération qu'on fait subir à la marchandise, en vue de tromper l'acheteur, soit en introduisant des substances qui ne devraient pas s'y trouver, soit en extrayant les principes qu'elles devraient renfermer, soit en changeant la physionomie d'un produit pour déguiser sa qualité.

Sont punissables :

1° La *falsification elle-même,* indépendamment de toute mise en vente, lorsqu'elle s'applique à des marchandises destinées à être vendues;

2° La *vente de substances falsifiées ou corrompues,* lorsque le vendeur connaît l'état des denrées ou boissons qu'il vend;

3° La *mise en vente* d'une substance qu'on sait être falsifiée est assimilée à la vente;

4° La *simple détention sans motifs légitimes* dans les magasins, boutiques, etc., dans les halles, foires et marchés, de substances qu'on sait être falsifiées.

Le delit se trouve aggravé :

Lorsque, 1° la marchandise contient des mixtions nuisibles à la santé, quand même l'acheteur en aurait connaissance; 2° les falsifications ont été commises à l'aide de mixtions nuisibles à la santé, par les voituriers et bateliers sur les liquides ou marchandises qu'ils transportent. *(Art 386 § 4 C. p.)*

Constatations.

Ces sortes de délits sont plutôt constatés par les officiers de police judiciaire que par la gendarmerie.

Cependant ils intéressent trop la bonne foi et la loyauté du commerce ainsi que la santé et la salubrité publiques pour ne pas être signalés à l'autorité judiciaire quand on en découvre l'existence.

Ainsi, dès que les gendarmes croient qu'il y a possibilité de fraude révélée par quelques indices, ils doivent en faire l'objet d'un procès-verbal, même incomplet, afin que le procureur de la République puisse apprécier l'affaire et prescrire les mesures qu'il jugera convenables.

Quand ils soupçonnent des marchands de frauder leurs marchandises, ils doivent surveiller attentivement leurs agissements, prendre discrètement des renseignements auprès des personnes qui achètent chez eux et essayer de découvrir les substances étrangères à leur commerce qu'ils reçoivent du dehors.

Pour savoir si une denrée est falsifiée, on peut la soumettre officieusement à l'examen d'un pharmacien.

En cas de graves indices de fraude, la gendarmerie doit prévenir immédiatement, soit le commissaire de police, soit le juge de paix, soit tout autre officier de police judiciaire et faire opérer des perquisitions dans les magasins, ateliers, boutiques et autres lieux où l'on peut espérer découvrir les marchandises falsifiées.

Tout ce qui paraît suspect doit être saisi.

Le procès-verbal doit être clair et précis et rédigé de manière à faire ressortir les divers éléments constitutifs du délit, ainsi que la mauvaise foi et l'intention de fraude de l'inculpé.

Il faut décrire exactement les lieux et endroits où se trouvaient placées les marchandises fraudées, les étiquettes et indications qu'elles portaient extérieurement, l'habileté avec laquelle la falsification avait été faite et les moyens employés pour la dissimuler à l'acheteur; ne jamais oublier de comparer le prix de vente de la marchandise avec celui qui est porté sur la facture et sur les livres.

Donner tous les renseignements utiles sur la moralité et la considération du marchand, en indiquant les motifs présumés qui l'ont déterminé à faire la fraude. Exprimer si cette fraude a causé un grand préjudice au public et au commerce.

107 *bis.* — FRAUDE DANS LA VENTE DES ENGRAIS.
(L. 27 juillet 1867.)

V. page 126.

108. — FAUSSE MONNAIE REÇUE POUR BONNE.
(Art. 135 C. p.)

Celui qui la remet en circulation après en avoir vérifié ou fait vérifier le vice commet un délit. *C'est donc sur ces deux points que doit porter le procès-verbal. Il faut y constater que la fausse monnaie a été reçue pour bonne et que celui qui la remet en circulation a vérifié ou fait vérifier ses vices.*

109 — COLORATION DE MONNAIE POUR TROMPER SUR LA NATURE DU MÉTAL. *(L. du 13 mai 1863. — Art. 132 C. p.)*

Ce n'est pas un nouveau délit qui a été créé, il s'agit du déclassement d'une des variétés du crime prévu par les art. 132 et suivants. V. n° 60.

Cet article s'applique à l'individu qui, à l'aide de substances employées par un procédé quelconque, *blanchit ou jaunit* des pièces de monnaies françaises ou étrangères pour leur donner l'apparence de monnaies d'or ou d'argent. L'émission des pièces colorées est punie comme la fabrication. *En examinant attentivement la pièce, en la faisant sonner et en la grattant un peu, on reconnaît facilement cette fraude.*

Saisir toujours les pièces colorées.

110. — FAUSSE NOUVELLE.
(Art. 15 D. du 17 février 1852.)

Pour constituer le délit de fausse nouvelle, il faut: 1° que la nouvelle soit fausse; 2° qu'il y ait eu en fait publication de cette fausse nouvelle; 3° intention bien certaine de la part de l'inculpé de publier cette fausse nouvelle.

Le fait de raconter une nouvelle n'implique pas nécessairement la volonté de la publier. *(Cass., 25 juin 1858.)*

Le garde des sceaux recommande une grande vigilance à l'égard des fausses nouvelles, discours ou cris séditieux, ainsi que les moyens propres à assurer la découverte et la punition de ceux qui s'en rendraient coupables. *(Circ. du 6 août 1853.)*

Indiquer si la fausse nouvelle est de nature à troubler la paix publique et surtout si elle a été publiée de mauvaise foi; — le lieu où elle a été racontée; — l'impression produite; — le nombre des auditeurs; — si elle a eu un grand retentissement.

111. — FAUX EN ÉCRITURE. *(Art. 145 à 148 C. p.)*

Le faux consiste dans l'altération frauduleusement et éventuellement préjudiciable de la vérité dans un écrit qui doit constater un fait vrai. — *Le faux matériel* se commet par fabrication ou altération d'actes ou de signatures, par intercalation de clauses dans un acte et par supposition de personnes.

La gravité du faux dépend de la nature de l'acte qu'il renferme; on le distingue, selon qu'il a été commis : 1° en écriture publique et authentique; 2° en écriture de commerce ou de banque; 3° en écriture privée; 4° dans les passeports ou feuilles de route; 5° dans les certificats; ces deux dernières espèces constituent seules des délits.

Lorsqu'un crime de cette nature est dénoncé ou découvert, la première précaution à prendre est de saisir ou de se faire remettre la pièce fausse et de la faire signer par celui qui la détenait si c'est possible.

Le procès-verbal doit être rédigé de manière à bien établir les circonstances dans lesquelles le faux a été commis, en faisant ressortir l'intention criminelle de l'agent ainsi que la nature du préjudice et son étendue.

Désigner les individus qui ont fait sciemment usage du faux; car il sont aussi coupables que le faussaire lui-même. (Art. 148 et 151 C. p.)

Pour reconnaître une fausse signature, comparer les corps d'écriture, la formation des lettres, l'encre, et présenter le papier à la lumière ou au jour pour voir s'il n'existe pas de traces de grattage.

112. — FAUX DANS LES CERTIFICATS. *(Art. 159, 160, 161, 162 C. p. — L. du 13 mai 1863.)*

1° Certificat attestant une maladie ou infirmité, fabriqué sous le nom d'un médecin, ayant pour but de rédimer quelqu'un d'un service public *(Art. 159.)*

2° Médecin, pour favoriser quelqu'un, certifiant faussement des maladies ou infirmités propres à dispenser d'un service public. *(Art. 160.) Indiquer s'il a été mû par dons ou promesses; faire connaître les corrupteurs qui sont considérés comme complices du délit.*

3° Falsification ou fabrication sous le nom d'un fonctionnaire ou officier public ou d'un simple particulier, d'un certificat de bonne conduite, indigence ou autres circonstances propres à appeler la bienveillance du gouvernement ou des particuliers sur la personne y désignée, et à lui procurer place, crédit ou secours; l'usage du certificat falsifié est également réprimé. *(Art. 161.)*

Les gendarmes doivent souvent vérifier si les certificats dont ils ont connaissance sont véritables. Saisir la pièce fausse.

113. — FAUX LIVRETS D'OUVRIERS. *(Art. 12 et 13 L. du 22 juin 1854.)*

La loi punit de peines correctionnelles : 1° la *fabrication* d'un faux livret; 2° la *falsification* d'un livret originairement véritable et 3° l'usage des livrets faux ou falsifiés fait sciemment; 4° le fait de se faire délivrer un livret sous un faux nom ou au moyen de faux certificats ou de fausses déclarations.

5° Enfin le fait par un ouvrier de se servir d'un livret qui ne lui appartient pas. — *Ne jamais oublier de saisir le livret et de faire ressortir dans le procès-verbal les motifs du délit.*

114. — FAUX DANS LES PASSEPORTS, PERMIS DE CHASSE OU FEUILLES DE ROUTE. *(Art. 153 C. p. — L. du 13 mai 1863.)*

Il y a délit correctionnel de la part : 1° de celui qui fabriquera, falsifiera un passeport, un permis de chasse ou une feuille de route, ou fera usage de ces pièces fabriquées ou falsifiées ; 2° de celui qui, dans un passeport, permis de chasse ou feuille de route, prendra un nom supposé ou aura concouru comme témoin à faire délivrer le passeport sous le nom supposé ; 3° de celui qui aura fait usage d'un passeport, d'une feuille de route ou d'un permis de chasse délivré sous un autre nom que le sien ; 4° de l'officier public qui délivre un passeport sans connaître la personne ou sans avoir fait attester ses noms et qualités par deux citoyens connus.

Pour les fausses feuilles de route, il faut faire connaître si elles avaient pour objet de tromper la surveillance de l'autorité. Si le Trésor a payé des frais de route ; quelle somme ? Si le porteur avait droit à des secours ; pour quelle somme ? Saisir toujours la pièce fausse.

115. — FAUSSES INSCRIPTIONS SUR LES REGISTRES DES LOGEURS ET AUBERGISTES. *(Art. 154 C. p. — L. du 13 mai 1863.)*

Il y a délit de la part de l'aubergiste qui aura sciemment écrit sur ses registres sous des noms faux ou supposés les personnes qui logent chez lui, ou qui, de connivence avec elles, aura omis de les inscrire.

Les gendarmes, dans leurs tournées d'auberges, doivent veiller à ce que ces délits ne se commettent pas. En visitant les logeurs suspects, ils auront soin de surveiller les individus qui y logent, et de voir s'ils sont tous inscrits sur leurs registres.

116. — FORÊTS. *(L. du 21 mai 1827.)*

La gendarmerie seconde les agents des forêts dans

la répression des délits qui s'y commettent. *(Art. 330 D. G.)*

Elle est comprise dans la nomenclature des agents qui doivent constater des *délits dans les bois non soumis au régime forestier. (Art. 188 C. f.)*

Elle doit arrêter ceux qui commettent des dégâts dans les forêts *(art. 322 D. G.)*, surtout s'ils sont inconnus *(art. 163 C. f.)*, et saisir les bestiaux trouvés en délit, les instruments, voitures et attelages des délinquants. Elle n'a pas qualité pour rechercher seule à domicile la pièce d'un délit. *(Art. 161 C. f.)*

Les principaux délits à constater sont :

1° Les faits d'extraction ou d'enlèvement de pierres, sables ou gazons, bruyères, feuilles, herbages, engrais, glands, etc. *Indiquer si ces faits ont eu lieu à dos d'homme ou d'animaux ou avec une charrette, et, dans ce cas de combien de bêtes elle était attelée. (Art. 144 C. f.)*

2° La présence d'un individu hors des routes ordinaires, porteur de quelque instrument propre à couper le bois. *(Art. 146 C. f.)*

3° Les feux allumés dans les bois ou à une distance moindre de 200 mètres. *(Art. 148 C. f.)*

4° La coupe et l'enlèvement d'arbres quels qu'ils soient, leur mutilation, leur écorçage et éhouppage. *(Art. 192 et 196 C. f.)*

Mentionner l'essence et la circonférence des arbres; la mesurer à un mètre du sol, ou sur la souche si le tronc de l'arbre a disparu (les arbres au-dessous de 2 décimètres de tour sont comptés par charretées); dire si le délit a été commis la nuit ou à l'aide d'une scie. (Art. 201 C. f.)

Quand on rapproche le bois coupé du tronc, il faut faire cette opération en présence du délinquant, examiner avec attention la circonférence, les veines et les nœuds du bois, l'épaisseur de l'aubier et de l'écorce.

5° L'arrachage des plants et semis. *(Art. 195 C. f.)*

Indiquer s'ils sont venus naturellement ou s'ils ont été exécutés de main d'homme.

6° Le pacage des animaux sans autorisation *(arts*

299 C. f.) ou le fait de les trouver hors des routes ordinaires. *(Art. 146 C. f.)*

Indiquer si le délit a eu lieu le jour, l'espèce des animaux et l'âge du bois.

7° Enlèvement sans autorisation des arbres marqués pour le service de la marine. *(Art. 133 C. f.)*

8° L'emploi de crochets et ferrements par ceux qui ont droit de prendre du bois mort. *(Art. 80 C. f.)*

Prescription des délits, V. n° 5, p. 6.

117. — GRAINS (EMPÊCHEMENT A LA LIBRE CIRCULATION DES) (1, 2, *Arrêté du 19 prairial an* V.)

La circulation des grains est libre dans l'intérieur de la France.

Tous ceux qui s'y opposent doivent être arrêtés.

La personne qui sera convaincue d'y avoir porté atteinte, devra être condamnée à une amende égale à la valeur des grains arrêtés.

Il importe d'évaluer dans le procès-verbal la valeur réelle des grains arrêtés.

118. — HOMICIDE VOLONTAIRE *(Art. 295 et suiv. C. p.)*

L'homicide volontaire est qualifié meurtre. — Il faut, pour le caractériser, qu'une vie d'homme soit volontairement détruite. — La volonté peut être presque instantanée, exister au moment même de l'exécution ou la précéder de quelques instants. — La volonté homicide se prouve par des témoignages ou par des signes extérieurs, tels que l'emploi d'armes meurtrières, les coups dirigés vers le siége de la vie, etc. Il y a meurtre, quand bien même on aurait donné la mort à une autre personne que celle qu'on voulait tuer. *(Cass., 31 janv. 1835.)*

Aggravation du meurtre :

1° S'il est précédé, accompagné ou suivi d'un *autre crime.*

2° S'il a pour objet soit de préparer, faciliter ou exécuter un délit, soit de favoriser la fuite ou d'assurer l'impunité des auteurs ou complices de ce délit.

3° S'il a été commis par *un fonctionnaire ou officier public, etc.*, ayant, sans motif légitime, usé ou fait user de violences dans l'exercice ou à l'occasion de l'exercice de ses fonctions. *(Art.* 186 *et* 198 *C. p.)*

4° S'il a été accompagné de tortures ou d'actes de barbarie. (*Art.* 303 *C. p.*)

5° S'il a été commis avec *préméditation*, c'est-à-dire avec un dessein formé à l'avance d'attenter à la vie d'un personne déterminée ou indéterminée.

La préparation des armes, les menaces, etc., peuvent constituer la préméditation.

6° S'il y a guet-apens. — Le guet-apens consiste à attendre plus ou moins de temps sa victime dans un ou divers lieux. (*Art.* 298 *C. p.*)

Le meurtre commis avec préméditation ou de guet-apens, s'appelle *assassinat*. Le *parricide* est le meurtre des père et mère légitimes, naturels ou adoptifs ou de tout autre ascendant légitime. (*Art.* 299 *C. p.*)

PRÉCAUTIONS A PRENDRE ET OBSERVATIONS.

En attendant l'arrivée du procureur de la République qui toujours doit être immédiatement prévenu, la gendarmerie et les officiers de police judiciaire doivent veiller à ce que rien ne soit touché, dérangé ou détourné sur le théâtre du crime.

Si la victime est morte, empêcher que personne ne touche au cadavre et à ses vêtements, et ne s'approche du lieu où il se trouve de manière à effacer les traces qui pourraient exister autour de lui. Si le crime a eu lieu dans une maison, rien, même les plus futiles objets ne doivent être dérangés. Ces précautions ne sont pas absolues et ne doivent pas être observées si la mort pouvait être le résultat d'un suicide ou d'un accident.

Si la victime existe et peut parler, voir et examiner la blessure; si c'est possible, la faire soigner; recueillir immédiatement sa déclaration et lui faire, en tous cas, dépeindre le coupable. L'instrument du crime doit être recherché scrupuleusement. Si c'est une arme à feu, tâcher de trouver la bourre et les débris des projectiles. — Si un individu est désigné ou soupçonné, se mettre immédiatement à sa poursuite, l'arrêter ou le garder à vue selon les cas, le fouiller, examiner ses vêtements, son corps et particulièrement ses ongles, s'assurer s'il n'aurait pas lavé ses mains ou son linge, faire toute perquisition à son domicile pour rechercher l'instrument du crime. — Si le coupable est inconnu, s'informer auprès des voisins, parents ou amis, des habitudes de la victime et recueillir les moindres indices qui peuvent le faire découvrir.

Si par la rumeur publique, la gendarmerie avait connaissance d'un homicide, longtemps après sa perpétration, elle devrait s'efforcer de découvrir la vérité en recueillant tous les propos et les indices propres à la manifester, et, en cas qu'il y eût quelque chose de fondé, il y aurait lieu de dresser procès-verbal et d'agir avec promptitude et circonspection, selon les circonstances.

119. — HOMICIDE INVOLONTAIRE. (*Art. 319 C. p.*)

Pour que l'homicide involontaire constitue un *délit*, il faut qu'il ait été commis par *maladresse, imprudence, inattention, négligence* ou *inobservation des règlements.*

Il importe donc d'indiquer les circonstances de l'homicide dans les détails les plus minutieux, de s'attacher surtout à en bien définir la cause et de décrire exactement les lieux où les faits se sont passés. — La femme qui met un enfant nouveau-né à coucher avec elle et l'étouffe, commet un homicide involontaire.

Tous les accidents qui arrivent, où il y mort d'homme, doivent être scrupuleusement examinés; car le plus souvent ils sont le résultat d'une faute quelconque imputable, soit à la victime, soit à tout autre individu, et dans ce dernier cas, c'est un delit qui est commis et qui doit être réprimé.

(Mêmes observations que pour les blessures involontaires, v. n° 72.)

120. — IMPRIMERIE CLANDESTINE. — VENTE D'USTENSILES D'IMPRIMERIE. (*Art. 13 L. du 21 oct. 1814. — Art. 2 et 3 D. du 22 mars 1852.*)

Nul ne pourra, pour des impressions privées, faire usage ou posséder des presses sans autorisation.

Quand la gendarmerie acquiert la connaisance des délits sus-spécifiés, elle doit en donner connaissance aux maires et aux commissaires de police spécialement chargés de les constater, et en rendre compte à son commandant.

121. — INCENDIE VOLONTAIRE. (*Art. 434 C. p. — Loi du 13 mai 1863.*)

Droits et devoirs de la gendarmerie, V° *Incendie accidentel, p. 132. (Art. 278 D. G.)*

L'endroit où le feu a été mis, quand on peut le découvrir, est l'indice le plus certain pour savoir à quelle cause il est dû : rechercher le brandon incendiaire; saisir les débris de papier, allumettes ou toute autre matière qu'on supposerait avoir servi à mettre le feu. La vengeance, la haine, la jalousie, les inimitiés, les procès sont le mobile de ce crime. Rechercher l'auteur avec la plus grande activité s'il est désigné. Les mendiants et vagabonds doivent être surveillés et arrêtés. Interroger immédiatement ceux sur lesquels planent les premiers soupçons, contrôler leurs explications. Se faire rendre compte de l'état des affaires de l'incendié pour savoir s'il n'aurait pas intérêt à mettre le feu chez lui.

Le procès-verbal doit indiquer, outre la description du lieu du sinistre, de sa cause, de ses résultats, la nature des bâtiments ou objets incendiés; s'ils appartenaient ou non à l'auteur du crime, s'ils étaient habités ou servaient à l'habitation; s'ils étaient assurés, à quelle compagnie et pour quelle somme; l'évaluation du sinistre avec l'indication des pertes afférentes au propriétaire et aux différents locataires; — si l'incendie a été communiqué à d'autres bâtiments, avec la désignation de leur propriétaire; si l'incendie a causé la mort de personnes se trouvant sur les lieux incendiés. (Pour les wagons ou voitures, dire s'ils contenaient des personnes.)

Quand le feu a été mis à des récoltes en meules, à des bois en tas; à des voitures chargées ou non, il faut désigner le propriétaire, en spécifiant si ces objets étaient placés de manière à communiquer le feu: s'ils l'ont communiqué, évaluer le montant du préjudice.

Le fait d'incendier sa propre chose isolée, non assurée et non grevée, ne donne lieu à aucune peine. (Cass., 21 nov. 1822.)

122. — INCENDIE INVOLONTAIRE. *(Art. 458 C. p.)*

Pour la constatation de ce délit, il importe d'établir que les propriétés mobilières et immobilières incendiées, de quelque nature qu'elles soient, appartiennent à autrui. Que l'incendie a été causé par la vétusté ou par le défaut de réparations ou de nettoyage des fours, cheminées, forges, maisons ou usines; par des feux allumés dans les champs, à moins de 100 mètres des édifices, bois, haies, plantations, récoltes ou autres dépôts de matières combustibles; ou par des feux ou lumières portés ou laissés sans précaution, ou par des pièces d'artifices tirées imprudemment.

Ce délit n'est punissable que d'une amende au maximum de 500 fr.

Faire bien ressortir dans le procès-verbal la cause de l'incendie. Evaluer le dommage.

123. — INFANTICIDE. *(Art. 302 C. p.)*

Voir les observations générales V° *Homicide volontaire, n° 118.*

Tout individu, quel qu'il soit, qui a donné la mort à un enfant nouveau-né se rend coupable d'infanticide. On a généralement connaissance des faits de cette nature de deux manières; ou on apprend qu'une femme est accouchée et n'a pas avec elle son enfant, ou l'on trouve le cadavre d'un enfant nouveau-né sans qu'on sache à quelle mère il appartient. Dans le premier cas, quand on soupçonne une femme d'être accouchée, pour en acquérir la preuve, il faut avec adresse prendre tous les renseignements désirables auprès des voisins, médecins, sages-femmes, laveuses, etc., Si elle nie le fait, on avertit le procureur de la République et on attend ses ordres. Si elle reconnaît être accouchée, c'est à elle de dire ce qu'elle a fait de son enfant : si elle l'a porté ou fait porter à un hospice, rien n'est plus facile que de vérifier cette assertion. Dans le cas où elle ne veut pas faire connaître ce qu'il est devenu, il faut faire des recherches minutieuses aux environs de la maison, dans les étables, fumiers, jardins, latrines, fosses, rivières, caves, greniers, etc. On a vu des femmes enterrer leurs enfants dans les cimetières sur des tombes fraîchement faites.

Dans le deuxième cas, l'enfant découvert doit être touché avec les plus grandes précautions et placé dans un lieu sûr, jusqu'à l'arrivée du médecin et des magistrats. S'il est entouré de linges, les recueillir. Pour connaître la mère, s'informer des filles ayant une conduite légère dans le pays; savoir si des mendiantes, des coureuses de foire n'y ont pas passé. Les laveuses peuvent donner d'utiles renseignements.

124. — INHUMATION (INFRACTION AUX LOIS SUR LES). *(Art. 358 C. p.)*

Quand on aura fait inhumer un individu sans l'autorisation de l'autorité municipale, ou précipitamment sans observer les délais de la loi, la gendarmerie devra dresser procès-verbal.

Cet article ne s'applique pas à l'inhumation d'un simple fœtus, mais bien à un enfant mort en naissant. (*Cass., 2 sept.* 1843.)

125. — INJURES PUBLIQUES ENVERS LES PARTICULIERS. *(Art. 19 L. du 17 mai 1819.)*

Ne rédiger procès-verbal que dans des cas graves et exceptionnels. Avertir les plaignants qu'ils peuvent porter leur action directement devant le tribunal correctionnel.

126. — INONDATIONS AVEC DÉGRADATION DES PROPRIÉTÉS D'AUTRUI. *Art.* 457 *C. p.*)

L'art. 457 suppose trois conditions : 1° la fixation de la hauteur du deversoir; 2° l'élévation de ce déversoir au-dessus du niveau donné; 3° le fait matériel de l'inondation.

Se rendre sur les lieux avec l'arrêté du préfet. Si l'élévation a eu lieu à l'aide de manœuvres apparentes, telles que madriers, pierres dans les coulisses, etc., le délit résultera d'un fait matériel incontestable; si l'exhaussement a été opéré à l'aide de maçonnerie, on doit, avant de dresser procès-verbal, prier l'employé des ponts et chaussées de relever un nivellement. Il faut evaluer par soi-même ou en appelant à son aide des individus à ce connaissant, le dommage causé aux propriétés riveraines.

V. *Délits ruraux.— Inondation du terrain d'autrui*, n° 76.

127. — INTERRUPTION DE L'EXERCICE DU CULTE. (*Art.* 261 *C. p.*)

Pour qu'il y ait lieu à l'application de l'art. 261, il faut que les troubles et les désordres aient réellement empêché, retardé ou interrompu les exercices du culte; *il faut bien en préciser la nature et s'expliquer sur l'effet qu'ils ont produit.* Le délit se commet partout où s'exercent les cultes, dehors comme dans le temple, sur le passage des processions ou du viatique, etc.

127 *bis.* — IVRESSE.

Voir la loi du 23 janvier 1873 et l'instruction ministérielle du 6 juin suivant.

128. — JEUX DE HASARD (MAISON DE) TENUE SANS AUTORISATION. (*Art.* 410 *C. p.*)

Cet article est applicable à la tenue d'une maison de jeu où le public est admis avec ou sans présentation, et où l'on prend une rétribution sur les enjeux,

La gendarmerie n'est presque jamais appelée à constater ce délit, à moins que les maisons ou établissements ne soient ouverts au public. *En cas de constatation de ce délit, on doit saisir les enjeux des joueurs, les cartes, les jeux, les tapis, etc.; décrire le mobilier, prendre les noms des assistants et relater minutieusement tout ce qui s'est passé au moment de l'entrée des gendarmes dans la salle de jeu.*

129. — LOGEMENTS INSALUBRES (CONTRAVENTIONS A LA LOI SUR LES). *(Art. 10 Loi du 13 avril 1850.)*

Un arrêté de préfecture interdit l'habitation d'un logement reconnu insalubre; celui qui y contrevient est passible d'amende.

Indiquer le prix annuel de location dans le procès-verbal et la date de l'arrêté préfectoral.

130. — LOTERIES CLANDESTINES. *(L. du 21 mai 1836. — Art. 410 C. p.)*

Sont loteries et réputées comme telles, les ventes d'immeubles, de meubles ou de marchandises, effectuées par le sort ou auxquelles auraient été réunis des bénéfices quelconques dus au hasard.

Sont punissables les auteurs ou agents des loteries françaises et étrangères, les colporteurs ou distributeurs de billets ou ceux qui les auront fait connaître par un mode quelconque de publication.

Les loteries d'objets mobiliers ayant pour but la bienfaisance et l'encouragement des arts sont permises à condition d'être autorisées.

131. — MACHINES MEURTRIÈRES EXPLOSIBLES OU NON. *(L. du 27 fév. 1858.)*

C'est un délit de les fabriquer, débiter ou d'en être détenteur. *Quand un fait de cette nature est signalé, il faut agir avec promptitude, circonspection et énergie, et arriver à saisir principalement le corps du délit et arrêter celui qui en est détenteur.*

132. — MARCHANDISES OU DENRÉES (HAUSSE OU BAISSE DE) PAR COALITION DES PRINCIPAUX DÉTENTEURS. *(Art. 419 C. p.)*

L'art. 419, destiné à protéger la liberté du commerce et de l'industrie, punit deux faits distincts : 1° la coalition des pricipaux industriels et marchands, ayant eu pour résultat de fixer les prix de leurs travaux, services, marchandises et autres objets de leur commerce; 2° l'accaparement ou la concentration, en une ou plusieurs mains, d'une chose quelconque, objets d'un commerce ou d'une industrie.

Les moyens usuels qu'on emploie pour arriver à ce résultat sont les bruits faux et calomnieux semés à dessein dans le public, les suroffres faites au prix demandé par le vendeur, les réunions et coalitions des industriels.

Pour constituer le délit, il faut que la coalition, en vue d'une hausse ou d'une baisse, ait produit cette hausse ou cette baisse.

Il faut s'attacher dans le procès-verbal à bien constater tous les caractères distinctifs de ce délit. Indiquer sur quelles espèces de marchandises les manœuvres ont été pratiquées, le but que se proposaient les auteurs, les effets qu'ils ont obtenus.

Il arrive très-fréquemment que, dans les petites villes, les bouchers, boulangers, minotiers, marchands de bestiaux, se coalisent pour amener une hausse ou une baisse dont le public est victime. La gendarmerie doit dévoiler et constater consciencieusement de pareils délits.

133. — MÉDECINE (EXERCICE ILLÉGAL DE LA). — CHARLATANS EMPIRIQUES. *(Art. 36, L. du 17 ventôse an* XI.*)*

Nul ne peut exercer la *médecine,* c'est-à-dire prescrire ou administrer des remèdes quelconques, ni exercer la *chirurgie,* c'est-à-dire faire des opérations, des réductions de fractures, et même de simples pansements sans être muni d'un diplôme.

L'oculiste doit avoir un diplôme. (*Cass.,* 20 *juill.* 1833.) — *Les dentistes* en sont dispensés.

Une seule opération chirurgicale constitue le délit. (*Cass.*, 9 *juin* 1836.)

Ces délits se prescrivent par un an.

Les infractions de cette nature sont trop communes à la campagne, où les guérisseurs, rebouteurs, charlatans, etc., sont nombreux et causent, par leur ignorance ou leur inhabileté, aux malheureux qui les emploient, des blessures, des infirmités incurables et souvent la mort, pour ne pas attirer l'attention de la gendarmerie.

Relater dans le procès-verbal, si le délinquant a pris le titre de docteur, la nature des soins et des remèdes qu'il a donnés, la rémunération qu'il a reçue, son degré d'instruction et la réputation qu'il possède dans le pays.

On doit indiquer le nombre des visites ou des opérations, avec leurs dates précises et le nom des témoins qui y ont assisté.

134. — MENACES ÉCRITES OU VERBALES. (*Art.* 306 *et* 308 *C. p.* — *L. du* 13 *mai* 1863.)

Sont punissables de peines correctionnelles les menaces d'assassinat, d'empoisonnement ou de tout autre attentat contre les personnes, de voies de fait ou de violence et d'incendie, pourvu qu'elles aient été faites par écrit signé ou anonyme, ou même verbalement; mais, la menace verbale doit être faite avec ordre ou sous condition pour être punissable.

Ainsi les rédacteurs des procès-verbaux s'appliqueront à copier textuellement la menace qui leur sera rapportée par les témoins; car selon que la phrase est construite, il y a ou il n'y a pas délit. Expliquer le motif et le but de l'auteur. Il importe de rapporter si la menace a été faite avec ordre de déposer une somme d'argent dans un lieu indiqué ou de remplir toute autre condition. Pour la menace par écrit anonyme ou signé, saisir cet écrit et le joindre au procès-verbal.

Les menaces de détruire ou de déranger une voie de fer sont réprimées par *l'art.* 18 *de la loi du* 15 *juill.* 1845.

135. — MENDICITÉ. (*Art. 277 et 282 C. p.*)

1° Pour les lieux dans lesquels il existe un dépôt de mendicité, toute personne, valide ou non, qui aura été trouvée mendiant, est punissable (un seul fait de mendicité suffit pour constituer le délit); 2° dans les lieux où il n'existe pas de dépôt, pour qu'il y ait délit, il faut de la part du mendiant qu'il soit *valide* et ait mendié *habituellement*. Il y a aggravation de peine s'il est trouvé hors du canton de sa résidence. *Ainsi les procès-verbaux doivent constater bien clairement les divers éléments du délit.*

Les mendiants *invalides* ne sont passibles de peines que s'ils usent de menaces, s'ils entrent sans permission dans une habitation ou un enclos; s'ils feignent des plaies ou infirmités; s'ils mendient plusieurs ensemble; s'ils sont travestis, porteurs d'armes ou de faux passe-ports, munis de limes, crochets et autres instruments; s'ils sont porteurs d'une valeur supérieure à 100 francs sans pouvoir en justifier l'origine; s'ils ont exercé quelques actes de violence envers les personnes. (*Art. 276 et 279 C. p.*)

Contre les mendiants valides, *on doit relever également les circonstances aggravantes sus-énoncées.*

Tous les mendiants doivent être arrêtés. (Art. 333 D. G.)

On doit surveiller la conduite des individus qui, se présentant sous l'apparence de religieux, de naufragés, etc., font des quêtes à domicile, parce qu'ils ne sont la plupart du temps que des gens dangereux, et, sous un habit respectable, exploitent la crédulité publique.

136. — MINES.

V. Cochet de Savigny, v° *Mines.*

137. — MINISTRES DU CULTE (DISCOURS DES).
(*Art. 201 C. p.*)

Ils tombent sous l'application de l'art. 201, lorsque, prononcés dans l'exercice des fonctions et en assemblée publique, ils contiennent la critique et la censure du gouvernement, d'une loi, d'une ordonnance ou de tout autre acte de l'autorité.

Il faut que, dans le procès-verbal, les témoins rapportent textuellement le discours prononcé, qu'ils disent quelle en a été l'occasion et quel en était le but; faire connaître les tendances du ministre du culte et l'effet produit dans le public par son discours.

138. — MINISTRES DU CULTE (OUTRAGES ENVERS LES). (*Art. 262 C. p.*)

La loi punit l'outrage à un ministre du culte dans ses fonctions ou à leur occasion, qu'il soit commis par paroles, gestes ou menaces, publiquement ou non.

Il faut donc spécifier la nature de l'outrage, l'occasion qui l'a fait commettre, le lieu où il a été commis et le caractère de la personne à laquelle il a été adressé. Dire si l'inculpé a agi en haine de la personnalité du ministre qu'il insultait ou à cause de son caractère.

139. — MOUVEMENT INSURRECTIONNEL (PARTICIPATION A UN). (*Loi du 24 mai 1834, art. 6.*)

Constater quelle a été la cause, le début, le caractère, le but et le résultat du mouvement insurrectionnel.

S'efforcer de connaître tous ceux qui y ont participé. Désigner ceux qui étaient porteurs d'armes, de munitions, d'uniformes, de costumes ou d'insignes civils et militaires et surtout ceux qui ont fait usage de leurs armes; — ceux qui se sont emparés d'armes et de munitions à l'aide de violences, pillage, ou en désarmant les agents de la force publique; — ceux qui auront envahi à l'aide de violences ou de menaces une maison habitée; attaqué ou résisté à la force publique; occupé des établissements publics ou une maison habitée avec le consentement du propriétaire, en désignant ce dernier;

— ceux qui auraient fait ou travaillé à des barricades ou retranchements; ceux qui auront, à l'aide de violences ou menaces, empêché la convocation ou la réunion de la force publique; facilité des rassemblements d'insurgés, en distribuant des proclamations ou ordres, en portant des drapeaux, etc.; — ceux qui auront occupé des postes télégraphiques ou intercepté la communication entre les divers dépositaires de la force publique; — enfin ceux qui auront dirigé le mouvement et exercé un commandement.

140. — MUTILATION VOLONTAIRE POUR ÉCHAPPER AU SERVICE MILITAIRE. *(Art. 41 L. du 21 mars 1832.)*

Les gendarmes doivent surveiller attentivement les jeunes gens qui sont soupçonnés de s'être mutilés pour se rendre impropres au service militaire et les signaler au préfet ou au sous-préfet. Ils n'ont pas de procès-verbal à dresser puisque c'est le conseil de révision qui seul peut les déférer aux tribunaux après les avoir reconnus impropres au service militaire.

141. — OBJETS DU CULTE (OUTRAGE AUX). *(Art. 262 C. p.)*

La loi punit de peines correctionnelles quiconque aura outragé par paroles ou gestes les objets du culte dans les lieux destinés ou servant actuellement à son exercice.

Par objets de culte, il ne faut entendre que les symboles d'un culte quelconque qui sont exposés ou employés dans son exercice.

142. — OPPOSITION A DES TRAVAUX FAITS PAR LE GOUVERNEMENT. *(Art. 437 C. p.)*

V. *Destruction d'édifices*, n° 82.

143. — OUTRAGE PUBLIC A LA PUDEUR. *(Art. 330 C. p.)*

On entend par *outrage à la pudeur* tout fait de nature à blesser l'honnêteté de ceux qui en ont été témoins. Il consiste dans les attitudes éhontées, l'absence ou la licence des vêtements, etc. Pour que le délit soit complet, il faut que l'outrage soit public.

Par ce mot on entend tous les genres de publicité que l'outrage est susceptible de recevoir, soit par le lieu où il a été commis, soit par les circonstances qui l'ont accompagné. *(Cass., 22 fév. 1828.)*

Les procès-verbaux doivent relater le fait matériel d'outrage et le lieu où il a été commis, si c'était la nuit, s'il a été aperçu, s'il pouvait l'être, etc.

La bestialité et la sodomie ne sont réprimées que si ces faits ont eu lieu en public.

144. — OUTRAGES ENVERS LES MEMBRES DE L'ASSEMBLÉE NATIONALE ET LES FONCTIONNAIRES PUBLICS. *(L. 25 mars 1822.)*

Ils ne sont protégés contre les outrages par paroles qu'ils reçoivent, qu'à la condition que ces outrages aient été proférés *publiquement* et à raison de leur fonction ou de leur qualité.

145. — OUTRAGES. *(Art. 225, 226 C. p. L. du 13 mai 1863.)*

L'outrage est une expression générique qui comprend la diffamation, l'injure et toute insulte humiliante, faite d'une manière quelconque ou toute expression grossière et outrageante. *(Cass., 17 mars 1851.)* Ex. : Vous avez menti, c'est faux, vous êtes un faux, allez moucharder. *(Cass., 3 déc. 1849.)*

C'est outrager la gendarmerie que de lui faire par dérision la déclaration d'un delit qui n'a pas été commis. *(Cass., 9 décembre 1808.)* — Une provocation en duel. *(Cass., 13 juin 1823.)* Les cris (à bas), etc., etc., sont des outrages.

L'outrage par gestes ou menaces consiste dans les jets de boue, les sifflets, les huées, les charivaris, le fait de lever un bâton sur la tête, d'approcher le poing du nez, etc., etc.

L'outrage est punissable aux termes des art. 222 et 223 du Code pénal, quand il a été commis avec ou sans publicité, durant l'exercice des fonctions ou à leur occasion, par paroles, gestes ou menaces, et qu'il s'adresse : 1° aux magistrats de l'ordre administratif ou judiciaire. (Cette énonciation comprend les préfets, sous-préfets, maires, adjoints, commissaires de police, etc.) ; 2° aux jurés ; 3° aux officiers ministériels ; 4° aux agents dépositaires de la force publique, ce qui comprend les gendarmes ; 5° à un citoyen chargé d'un ministère de service public ; 6° au ministre du culte. *(Art. 262 C. p.)* Ce délit peut être constaté sans plainte préalable.

Dans le procès-verbal, il faut relater textuellement l'outrage, les circonstances qui l'ont accompagné; le lieu où le fait s'est produit et la qualité de la personne outragée. Interroger les personnes qui en ont été témoins et mentionner les antécédents de l'inculpé. Il est bon d'indiquer si l'outrage a été commis dans un moment d'emportement ou d'une manière réfléchie, si l'inculpé a fait des excuses et essayé de réparer sa faute.

Les magistrats de l'ordre administratif et judiciaire, ainsi que les jurés, sont *seuls* protégés contre les outrages par écrit et dessin non rendus publics qui leur sont adressés.

Joindre la lettre ou le dessin au procès-verbal.

Si le délit se complique de violences ou voies de fait, signaler si elles ont eu lieu avec ou sans armes; s'il y a eu effusion de sang; si les blessures ont occasionné une maladie; s'il y a eu préméditation ou guet-apens.

Le coupable d'outrages à la gendarmerie doit être arrêté. *(Art. 300 D. G.)*

146. — OUVERTURE OU SUPPRESSION DE LETTRES CONFIÉES A LA POSTE. *(Art. 187 C. p.)*

La suppression et ouverture de lettres confiées à la poste ne constitue un délit que lors qu'il a été commis par un fonctionnaire ou un agent de l'administration des postes. Les simples citoyens ne peuvent être condamnés pour ce fait que civilement à des dommages-intérêts.

147. — PASSE-PORTS.

L'exhibition des passe-ports est une mesure salutaire laissée à la prudence et au discernement de la gendarmerie. *(Art. 283 D. G.)*

148-149. — PHARMACIE (EXERCICE ILLÉGAL DE LA) PAR LES ÉPICIERS OU DROGUISTES ET PAR TOUTE AUTRE PERSONNE. (*Art. 33 de la loi du 21 germinal an* XI.)

Nul ne peut ouvrir une pharmacie, vendre ou débiter des médicaments sans un diplôme.

Sont punissables :

1° Les épiciers et droguistes qui vendent des drogues simples au poids médicinal ou des médicaments composés, dits *remèdes magistraux*, c'est-à-dire exécutés d'après une prescription médicale, que le pharmacien n'a le droit ni de faire ni de modifier ;

2° Les simples particuliers qui débitent des médicaments quelconques.

Les officiers de santé, dans les lieux où il n'y a pas de pharmacie ouverte, peuvent fournir des médicaments simples ou composés.

Les communautés et hôpitaux peuvent avoir une pharmacie pour leur usage particulier et intérieur seulement. *(Art. 6 Décl. du 26 avril 1877.)*

Remèdes secrets. — Nul ne peut en vendre, pas même un pharmacien. *(Art. 36 L. 21 germinal an* XI.)

Substances vénéneuses, poisons. — Les substances vénéneuses et notamment les acides et sulfures d'arsenic, le sublimé corrosif, le vert-de-gris, les acides nitrique (eau-forte), sulfurique (huile de vitriol), la noix vomique; les sulfates de cuivre, de zinc, de plomb, etc., doivent être tenues sous clef par les pharmaciens et épiciers. Elles ne peuvent être vendues qu'à des personnes et pour des causes connues. Chaque vente doit être inscrite sur un registre tenu exactement.

La gendarmerie doit dresser procès-verbal contre

tous les individus qui vendent des remèdes dans les campagnes et veiller à ce que toutes les prescriptions exigées pour la vente ou la garde des poisons soient scrupuleusement observées.

150. — PÊCHE FLUVIALE. (*L. du 15 avril 1829 et du 5 mai 1865.*)

Le droit de pêche sera exercé au profit de l'État.

1° Dans tous les fleuves, rivières, canaux et contre-fossés navigables ou flottables, avec bateaux, trains ou radeaux, et dont l'entretien est à la charge de l'Etat ou de ses ayants-cause. (*Art. 538 C. N.*)

Dans les bras, noues, boires et fossés qui tirent leurs eaux des fleuves et rivières navigables ou flottables, dans lesquels on peut en tout temps passer ou pénétrer librement en bateaux de pêcheur et dont l'entretien est également à la charge de l'Etat.

Sont toutefois exceptés, les canaux et fossés existant ou qui seraient creusés dans des propriétés particulières et entretenus aux frais des propriétaires.

2° Dans tous les canaux et rivières autres que ceux qui sont désignés dans l'article précédent, les propriétaires riverains auront, chacun de leur côté, le droit de pêche jusqu'au milieu du cours d'eau, sans préjudice des droits contraires établis par possessions ou titres.

Néanmoins, il est permis à tout individu de pêcher à la ligne flottante, tenue à la main, dans les fleuves, rivières, canaux désignés dans les deux premiers paragraphes de l'art. 1er de la présente loi, le temps du frai excepté. (*Art. 5.*) V. p. 100.

Il est interdit dans les cours d'eau :

1° De placer des barrages ayant pour objet d'empêcher entièrement le passage du poisson. (*Art. 24.*)

Ceci s'applique à tous les canaux et fossés, quels qu'ils soient, communiquant par un point avec les rivières. (*Cass., 24 nov. 1832.*)

2° De jeter des drogues ou appâts de nature à enivrer le poisson. (*Art. 25.*)

3° De pêcher à la ligne flottante en temps, saisons et heures prohibés. (*Art. 27.*) V. p. 100.

4° De pêcher avec des filets traînants.

5° Avec des filets dont les mailles, carrées, sans accrues et non tendues ni tirées en losange, auraient moins de 30 millimètres de chaque côté, après que le filet aura séjourné dans l'eau. — Avec des bires, nasses ou autres engins dont les verges en osier seraient écartées entre elles de moins de 30 millimètres. — Sont néanmoins autorisés pour la pêche des goujons, ablettes, loches, vérons, vandoises et autres poissons de petites espèces, les filets dont les mailles auront 15 millimètres de largeur. Par ordonnance du 28 février 1842, pour la pêche aux ablettes, la largeur des mailles et l'écartement des verges est réduit à 8 millimètres. Les pêcheurs auront aussi la faculté de se servir de toute espèce de nasses en jonc à jour, quel que soit l'écartement de leurs verges. V. p. 99 les modifications apportées par le décret du 10 août 1875.

6° D'employer, pour la pêche des poissons de grosse espèce, des filets spécialement désignés pour la pêche des poissons de petite espèce. (*Art.* 29.)

7° D'appâter les hameçons, filets ou engins avec des poissons prohibés. (*Art.* 31.)

8° De prendre, débiter ou colporter des poissons n'ayant pas les dimensions voulues, sauf ceux provenant des étangs et réservoirs. (*Art.* 30.) C'est aux prévenus à établir ce dernier fait. (*Cass.*, 13 *juin* 1833.)

Sont considérés comme délinquants les individus porteurs, hors de leur domicile, d'engins ou instruments de pêche prohibés, à moins qu'ils ne soient destinés à la pêche des étangs. (*Art.* 29.)

Les gendarmes doivent spécifier toutes les circonstances de nature à faire apprécier le caractère des délits qu'ils constatent; s'ils ont eu lieu la nuit, préciser l'heure du délit; — s'il a été pris du poisson, indiquer les espèces, les dimensions, le poids et la valeur approximative. — Décrire dans le procès-verbal les instruments de pêche qui doivent toujours être saisis.

Quand on verbalise contre des femmes, des mineurs, des bateliers ou compagnons et tous autres subordonnés, désigner les maris, pères, mères, tuteurs, fermiers et porteurs de licences, qui sont civilement responsables. (Art. 74 et art. 1384 C. N.)

Les gendarmes peuvent circuler librement sur les rives des cours d'eau dans les propriétés non closes. Ils ne peuvent jamais s'introduire dans les enclos (*art.* 40), à moins d'être assistés d'un officier de police judiciaire et pour constater des délits commis dans les cours d'eau qui les traversent. (*Ch. des pairs. Moniteur, 7 mai* 1828.)

Les instruments prohibés, ainsi que le poisson saisi en délit, doivent être confisqués. Les premiers sont déposés au greffe et les poissons remis sur récépissé au maire de la commune, pour qu'il les fasse vendre. (*Art.* 42 *et* 43.)

Les individus inconnus doivent être conduits devant le maire.

Les procès-verbaux doivent être enregistrés dans les quatre jours de la clôture.

Prescription. — Les actions en réparation des délits de pêche se prescrivent par un mois à compter du jour où les délits ont été constatés, lorsque les prévenus sont désignés. — Dans le cas contraire, cette prescription est de trois mois. (*Art.* 62.)

TABLEAU DES DÉLITS DE PÊCHE.

PÊCHE SANS AUTORISATION. — 20 à 100 fr. d'amende. — Saisir provisoirement les filets et engins; désigner le poisson pêché (*art.* 5 *L. du* 15 *avril* 1829).

ÉTABLISSEMENT D'UN BARRAGE. — 50 à 100 fr. d'amende. — Faire détruire le barrage (*art.* 24).

DROGUES ET APPATS MALFAISANTS. — 30 à 300 fr. d'amende. — Emprisonnement d'un à trois mois (*art.* 25).

PÊCHE EN TEMPS PROHIBÉ. — 30 à 200 fr. d'amende. — Saisir les filets et engins (*art.* 27).

FILETS, ENGINS ET MODES DE PÊCHE PROHIBÉS. — 30 à 100 fr. d'amende. — Saisir les filets et engins (*art.* 28 *et* 41).

MÊME DÉLIT EN TEMPS DE FRAI. — 60 à 200 fr. d'amende. — Saisir les filets et engins (*art.* 28).

EMPLOI POUR UNE AUTRE PÊCHE DE FILETS PERMIS POUR CELLE DU POISSON DE PETITE ESPÈCE. — 30 à 100 fr. d'amende (*art.* 29).

MÊME DÉLIT EN TEMPS DE FRAI. — 60 à 200 fr. d'amende (*art.* 29).

PORT D'ENGINS PROHIBÉS. — 20 fr. d'amende. — Saisir les filets et engins (*art.* 29 *et* 41).

PÊCHE, COLPORTAGE ET VENTE DU POISSON N'AYANT PAS LES DIMENSIONS VOULUES. — 20 à 50 fr. d'amende. — Confiscation du poisson (*art.* 30).

EMPLOI D'APPATS PROHIBÉS. — 20 à 50 fr. d'amende (*art.* 31).

EMPLOI DE FILETS NON PLOMBÉS. — 20 fr. d'amende (*art.* 32).

DÉTENTION DE FILETS OU ENGINS PAR LES CONTREMAÎTRES, EMPLOYÉS DU BALISAGE ET MARINIERS. — 50 fr. d'amende. — Confiscation des filets (*art.* 33).

REFUS PAR LES MARINIERS DE LAISSER VISITER LES BATEAUX. — 50 fr. d'amende (*art.* 33).

REFUS PAR LES FERMIERS, PORTEURS DE LICENCES ET PÊCHEURS EN GÉNÉRAL, DE LAISSER VISITER LES BATEAUX ET BOUTIQUES A POISSON, ETC. — 50 francs d'amende (*art.* 34).

REFUS PAR LES DÉLINQUANTS DE REMETTRE LES FILETS PROHIBÉS. — 50 fr. d'amende (*art.* 41).

DÉLITS COMMIS EN RÉCIDIVE (*art.* 69) } amende double.
DÉLITS COMMIS LA NUIT (*art.* 70) }

Décret du 10 août 1875 portant règlement sur la pêche fluviale.

1° Du 20 octobre au 31 janvier, interdiction de la pêche, même à la ligne flottante, du saumon, de la truite, de l'ombre-chevalier et du lavaret ; du 15 avril au 15 juin, interdiction de la pêche de tous les autres poissons et de l'écrevisse. Cette interdiction s'applique à tous les procédés de pêche même à la pêche à la ligne tenue à la main.

Les préfets peuvent prendre des arrêtés : 1° pour prescrire de nouvelles interdictions; 2° pour augmenter la durée des périodes d'interdiction; 3° en excepter pour la seconde période la pêche de l'alose, de l'anguille, de la lamproie, ainsi que des autres poissons vivant alternativement dans les eaux douces et les eaux salées; 4° pour fixer une période d'interdiction pour la pêche à la grenouille.

2° Ceux qui transportent pendant ces époques des poissons d'étangs doivent justifier de leur origine.

3° La pêche n'est permise que du lever au coucher du soleil, sauf pour l'anguille, l'écrevisse et la lamproie. Des arrêtés préfectoraux doivent régler cette dernière pêche.

4° Les filets et engins permis peuvent à toute heure séjourner dans l'eau; mais ne peuvent être levés et placés que pendant le jour.

5° Les dimensions au-dessous desquelles les poissons et écrevisses ne peuvent être pêchés même à la ligne flottante et doivent être immédiatement rejetés à l'eau, sont déterminées comme il suit, pour les diverses espèces : — 1° les saumons et anguilles, vingt-cinq centimètres de longueur; — 2° les truites, ombres-chevaliers, ombres communs, carpes, brochets, barbeaux, brêmes, meuniers, muges, aloses, perches, gardons, tanches, lottes, lamproies et lavarets, quatorze centimètres de longueur; — 3° les soles, plies et flets, dix centimètres de longueur; — 4° les écrevisses à pattes rouges, huit centimètres de longueur; celles à pattes blanches, six centimètres de longueur.

La longueur des poissons ci-dessus mentionnés est mesurée de l'œil à la naissance de la queue; celle de l'écrevisse de l'œil à l'extrémité de la queue déployée.

6° Mailles des filets et espacement des verges avec 10° de tolérance mouillés : 40 millim. saumons; 27 millim. grandes espèces et écrevisses; 10 millim petites espèces, telles que goujons, loches, verons, ablettes et autres.

Des arrêtés préfectoraux peuvent modifier ces dimensions.

7° Filets fixes ou flottants, V. les art 11 et 12.

8° Prohibition de tous filets traînants, des lacets ou collets, sauf le petit épervier à un seul homme. Art. 13.

9° Il est interdit, 1° d'établir dans les cours d'eau des appareils ayant pour objet de rassembler le poisson dans des noues, boires, fossés ou mares dont il ne pourrait plus sortir, ou de le contraindre à passer par une issue garnie de piéges ; — 2° d'accoler aux écluses, barrages, chutes naturelles, pertuis, vannages, coursiers d'usines et échelles à poissons, des nasses, paniers et filets à demeure ; — 3° de pêcher avec tout autre engin que la ligne flottante tenue à la main, dans l'intérieur des écluses, barrages, pertuis, vannages, coursiers d'usines et passages ou échelles à poissons ainsi qu'à une distance moindre de trente mètres en amont et en aval de ces ouvrages ; — 4° de pêcher à la main, de troubler l'eau et de fouiller au moyen de perches sous les racines ou autres retraites fréquentées par le poisson ; — 5° de se servir d'armes à feu, de poudre de mine, de dynamite ou de toute autre substance explosive ; — 6° de pêcher dans les parties des rivières, canaux ou cours d'eau dont le niveau serait accidentellement abaissé, soit pour y opérer des curages ou travaux quelconques, soit par suite du chômage des usines ou de la navigation.

10° Les préfets peuvent prendre des arrêtés, 1° pour détruire de certaines espèces de poissons dans le but d'en propager d'autres plus précieuses ; — 2° sur la durée du rouissage du lin et du chanvre dans les cours d'eau, et les emplacements où cette opération peut être pratiquée avec le moindre d'inconvénient pour le poisson ; — 3° les mesures à observer pour l'évacuation dans les cours d'eau des matières et résidus susceptibles de nuire au poisson et provenant des fabriques et établissements industriels quelconques.

11° Les dispositions du présent décret ne sont applicables ni au lac Léman, ni à la Bidassoa, lesquels restent soumis aux lois et règlements qui les régissent spécialement.

151. — PILLAGE. (*Art.* 440 *C. p.*)

Tout pillage, dégât de denrées, de marchandises, effets, propriétés mobilières, commis en réunion ou bande et à force ouverte, sera puni des travaux forcés à temps.

Exemple : *Des individus réunis dans un marché s'emparent à force ouverte du blé vendu ou se le font livrer au prix qu'ils fixent.*

Désigner le motif du pillage, ses circonstances, la nature des denrées pillées et le nom des chefs ou instigateurs, les paroles attribuées à chacun d'eux, puis le rôle exact de tous ceux qui ont participé au pillage.

S'il y a eu rébellion, V. *ce mot.*

152. — POIDS FAUX. (*Art.* 3 *L. du* 27 *mars* 1851.)

Les poids et mesures faux trouvés en la possession d'un marchand, le constituent en présomption de fraude.

Il est obligé de justifier sa bonne foi ; aussi, le procès-verbal doit contenir la vérification de l'exactitude des motifs allégués par le prévenu.

Les dispositions de cette loi ne s'appliquent qu'aux commerçants. Ainsi des propriétaires, des cultivateurs, etc., peuvent avoir chez eux des instruments de cette sorte sans être en délit.

On entend par faux poids ceux qui n'ont pas la pesanteur voulue par la loi ou la capacité fixée par les règlements, encore bien qu'à la dernière vérification, ils aient été revêtus du poinçon. (*Cass.*, 17 *janv.* 1815.) Il importe peu que le faux poids appartienne au nouveau ou à l'ancien système. (*Orléans*, 10 *nov.* 1852.)

Poids et mesures prohibés ou non poinçonnés. (V. *aux Contraventions ci-après.*)

153. — POSTE AUX LETTRES. *(Arrêté du 9 prairial an IX.)*

Défense à tout individu de transporter des lettres, journaux, feuilles à la main, ouvrages périodiques du poids de moins d'un kilogr.

Le port par un voiturier d'une lettre non cachetée, étrangère à son service, constitue la contravention.

Le port d'un billet non cacheté, contenant une commission que le voiturier doit faire, n'est pas une contravention.

L'on ne peut faire de perquisitions sur les voyageurs; la gendarmerie peut en faire seulement sur les messagers et dans leurs voitures.

Le procès-verbal doit mentionner l'adresse des paquets et des lettres, ainsi que leur poids. Les objets transportés illicitement doivent être saisis.

154. — PORT ILLÉGAL DE COSTUME, UNIFORME OU DÉCORATION. *(Art. 259 C. p.)*

Pour constituer ce délit, il faut constater : 1° que le costume, l'uniforme ou la décoration n'appartient pas à l'individu qui le porte; 2° que le port a eu lieu publiquement.

Quand la gendarmerie soupçonne que des individus portent des médailles, croix, rubans français ou étrangers qui ne leur appartiennent pas, elle doit surveiller les délinquants et leur demander l'exhibition de leurs brevets.

Tous les individus vêtus de costumes de moines, de religieux ou de prêtres, qui quêtent à domicile, doivent être l'objet d'une surveillance particulière, et on doit s'assurer que leurs papiers sont en règle. Si l'on concevait des doutes sur l'authenticité ou la régularité des papiers, il faudrait à cet égard se renseigner auprès des prêtres de la localité.

Les porteurs d'un uniforme français doivent en justifier à toute réquisition.

155. — PORT PUBLIC DE SIGNES EXTÉRIEURS DE RALLIEMENT NON AUTORISÉS. (*Art. 6 D. du 11 août 1848.*)

Saisir les signes si c'est possible, ou les désigner clairement dans le procès-verbal. Indiquer le lieu du délit, le but des délinquants, l'effet produit.

156. — POUDRE.

V. *Armes prohibées*, n° 29.

157. — POUDRE FULMINANTE.

Qu'elle qu'en soit la composition, interdiction de la fabriquer, débiter, vendre et d'en être détenteur sans autorisation. (*L. du 27 fév. 1858.*)

158. — PRÊTS SUR GAGES (MAISON DE) ÉTABLIE OU TENUE SANS AUTORISATION. (*Art. 411 C. p.*)

159. — PROVOCATION PUBLIQUE A DES MILITAIRES DANS LE BUT DE LES DÉTOURNER DE LEURS DEVOIRS ET DE L'OBÉISSANCE QU'ILS DOIVENT A LEURS CHEFS. (*Art. 2 L. du 27 juillet 1849.*)

L'élément de ce délit étant la publicité, il doit ressortir nettement du procès-verbal.

160. — PROVOCATION PUBLIQUE D'UNE MANIÈRE QUELCONQUE A UN CHANGEMENT DE GOUVERNEMENT. (*Art. 1 L. du 27 fév. 1858.*)

Rendre compte et consulter ses chefs avant de dresser procès-verbal.

161. — PROVOCATION PUBLIQUE A UN CRIME OU DÉLIT NON SUIVIE D'EFFET. (*Art. 2 L. du 17 mai 1819.*)

Il faut que la provocation ait lieu par paroles ou écrits; qu'elle soit publiée avec intention criminelle; et, que le crime ou délit quelconque auquel elle excite soit bien déterminé; *ces divers éléments doivent être relevés dans le procès-verbal.*

162. — RÉBELLION. (*Art.* 209 *C. p.*)

Pour constituer la rébellion, il faut qu'il y ait eu attaque ou résistance avec violences ou voies de fait envers les agents énumérés dans l'art. 209 du Code pénal, parmi lesquels se trouvent compris les gendarmes, dans un moment où ils agissaient pour l'exercice des lois, des ordres ou ordonnances de l'autorité publique. *Il faut que du procès-verbal résulte la constatation de ces quatre circonstances constitutives de la rébellion.*

Indiquer dans le procès-verbal toutes les circonstances du fait pour savoir s'il constitue un crime ou délit.

Est délit, la rébellion par une ou deux personnes, avec ou sans armes, et par trois personnes et moins de vingt, sans armes. *Il faut donc bien indiquer le nombre des rebelles et dire s'ils avaient des pierres, des bâtons, des armes quelconques, cachées ou non.*

La rébellion est un crime dont la peine varie suivant la gravité quand elle a lieu :

1° Par plus de trois personnes armées; 2° par plus de vingt personnes non armées; 3° avec ou sans armes, si elle est accompagnée de violences ou menaces; 4° par des journaliers et ouvriers, dans les ateliers publics et les manufactures; 5° par les prisonniers; 6° par les individus admis dans les hospices.

Désigner les chefs des rebelles ou ceux qui ont exercé des commandements parmi eux, et ceux qui seraient trouvés porteurs d'armes cachées.

De même, il est important d'indiquer les individus faisant partie des rebelles, qui se sont retirés soit au premier avertissement de l'autorité, soit après, pourvu qu'ils aient été saisis hors du lieu de la rébellion, sans faire de résistance et sans armes, parce qu'alors ils ne seraient passibles d'aucune peine si leur excuse est admise.

163. — RECÈLEMENT DE CRIMINELS. (*Art.* 248 *C. p.*)

Ce délit s'applique à ceux qui recèlent des individus condamnés et non pas des prévenus de crimes. Il faut encore qu'ils aient connaissance de la condamnation lors du recèle, car c'est cette circonstance qui constitue la criminalité.

164. — RECEL DES RÉUNIONS DE MALFAITEURS. (*Art.* 61 *C. p.*)

165. — RECEL DU CADAVRE D'UNE PERSONNE HOMICIDÉE. (*Art.* 359 *C. p.*)

166. — RECEL D'OBJETS PROVENANT DE VOLS OU D'AUTRES CRIMES. (*Art.* 62, 63, 380 *C. p.*)

Pour constater ce délit, il importe que le procès-verbal en établisse les conditions constitutives, c'est-à-dire : 1° que la chose recelée provenait d'un vol ou autre crime ; 2° que le receleur en avait connaissance.

167. — RECEL D'UN DÉSERTEUR. (*L. du* 4 *nivôse an* II, *art.* 5.)

168. — RÉFUGIÉS ÉTRANGERS (EXPULSION DE). (*Art.* 8 *L. du* 3 *déc.* 1849.)

Tout étranger auquel une décision du ministère de l'intérieur aura enjoint de quitter la France, qui y restera sans permission, sera passible de peines correctionnelles. *Il doit toujours être arrêté.*

Le procès-verbal doit mentionner la date de la décision d'expulsion.

169. — RELIGIONS RECONNUES PAR L'ÉTAT (OUTRAGES ENVERS LES). (*Art.* 1 *L. du* 25 *mars* 1822.)

Quiconque, par paroles ou par écrits, les aura publiquement outragées, sera punissable de peines correctionnelles.

L'outrage a pour but l'indignation ou la haine; la dérision tend à provoquer le mépris et la déconsidération.

Ainsi les gendarmes doivent dresser procès-verbal de tous les faits ayant ces divers buts en rapportant fidèlement les paroles proferées.

169 *bis.* — RÉSERVISTES, CHANGEMENT DE DOMICILE, ETC.

Sont soumis aux obligations de service réglées par les lois des 27 juillet 1872 et 18 novembre 1875.

169 *ter.* RÉUNIONS PUBLIQUES. (*L.* 9 *juin* 1868.)

Les gendarmes doivent signaler à leurs chefs celles qui se tiennent dans un lieu non clos et non couvert, qui s'occupent de politique, ou qui ne sont pas autorisées.

170. — ROULAGE.

La loi du 31 mai 1851 et le décret du 10 août 1852 ne s'appliquent qu'aux routes nationales et départementales et aux chemins de grande communication. — Leurs dispositions ne concernent que les voitures de roulage et de messageries. Les autorités locales prennent les arrêtés spéciaux en vertu de leurs pouvoirs pour la police du roulage sur les chemins vicinaux, places et rues des villes, les contraventions qui s'y relatent sont punissables des peines de simple police de l'art. 471 n° 15 du Code pénal. — *V.* ci-après, *v° Contraventions.*

Énumération des contraventions.

1. ABANDON de voitures. — (Simple police.) 6 à 10 fr., 1 à 3 jours. (*Art.* 2, § 2 *n°* 5 *et art.* 5 *de la loi du* 3 *mai* 1851 *et art.* 14 *du décret du* 10 *août* 1852.)

2. BACHE. — Objets attachés en dehors, débordant les montants et la hauteur de la traverse. — (Trib. correct.) 16 à 200 fr., 6 à 10 jours. *L., art.* 2, § 3 *n°* 5 *et art.* 6. *D., art.* 22.)

3. BANQUETTE n'ayant pas 45 cent. de largeur. — (Trib. correct.) 16 à 200 fr., 6 à 10 jours. (*L., art.* 2, § 3 *n°* 3 *et art.* 6. *D., art.* 23.)

4. Banquettes n'ayant pas entre elles 45 cent. de largeur. — (Trib. correct.) 16 à 200 fr., 6 à 10 jours. (*L., art.* 2, § 3 *n°* 3 *et art.* 6. *D., art.* 23.)

5. *Idem* n'ayant pas 40 cent. de hauteur y compris le coussin. — (Trib. correct.) 16 à 200 fr., 6 à 10 jours. (*L., art.* 2, § 3 *n°* 3 *et art.* 6. *D., art.* 23.)

6. *Idem* de coupé n'ayant pas 35 cent. entre le devant de la voiture. — (Trib. correct.) 16 à 200 fr., 6 à 10 jours. (*L., art.* 2, § 3 *n°* 3 *et art.* 6. *D., art.* 23.

7. *Idem* de l'impériale ne doit recevoir que trois voyageurs y compris le conducteur. — (Trib. correct.) 16 à 200 fr., 6 à 10 jours. (*L., art.* 2, § 3 *n°* 3 *et art.* 6. *D., art.* 24.) *Si le conducteur a un siége à part, la banquette peut recevoir trois voyageurs.*

8. Bureau de voiture publique; absence de l'affiche du règlement. — (Trib. correct.) 16 à 200 fr., 6 à 10 jours. (*L., art.* 2, § 3 *n°* 4 *et art.* 6. *D., art.* 42.) — *Pour le défaut de registres, voir ci-après, n°* 34.

9. Chargement de voiture ne servant pas au transport des personnes; largeur excédant 2 m. 50 cent. — (Cons. préfect.) 5 à 30 fr. (*L., art.* 2, § 2 *n°* 1 *et art.* 4. *D., art.* 11.) — *Les préfets peuvent délivrer des permis pour un chargement plus large. Toute liberté est donnée pour la hauteur du chargement.*

10. *Idem* de voiture publique à quatre roues; hauteur dépassant 3 mètres du sol. — (Trib. correct.) 16 à 200 fr., 6 à 10 jours. (*L., art.* 2, § 3 *n°* 2 *et art.* 6. *D., art.* 22.)

11. *Idem* de voiture publique à deux roues; hauteur supérieure à 2 m. 60 cent. — (Trib. correct.) 16 à 200 fr., 6 à 10 jours. (*L., art.* 2, § 2 *n°* 2 *et art.* 6. *D., art.* 22.)

12. — CHARGEMENT. Largeur moindre de 1 m. 3/4 de la hauteur. — (Trib. correct.) 16 à 200 fr., 6 à 10 jours. (*L., art.* 2, § 3 *n°* 5 *et art.* 6. *D., art.* 22.)

13. CLOUS DE BANDE à tête de diamant. — (Cons. préfect.) 5 à 30 fr. (*L., art.* 2, § 1 *n°* 3 *et art.* 3. *D., art.* 2.)

14. *Idem* dont la tête a une saillie de plus de 5 millim. (Cons. préfect.) 5 à 30 fr. (*L., art.* 2, § 1 *n°* 3 *et art.* 4. *D., art.* 2.)

15. COLLIERS. Largeur excédant 80 cent. — (Cons. préfect.) 5 à 30 fr. (*L., art.* 2, § 1 *n°* 2 *et art.* 4. *D., art.* 12.)

16. CONDUCTEUR OU POSTILLON. Stationnement de voiture, attelée ou non attelée, sans nécessité sur la voie publique. — (Trib. correct.) 16 à 200 fr., 6 à 10 jours. (*D., art.* 10.)

17. *Idem* ne se rangeant pas à sa droite. — (Trib. correct.) 16 à 200 fr., 6 jours. (*L., art.* 2, § 3 *et art.* 6. *D., art.* 9.)

18. *Idem* âgé de moins de seize ans. — (Trib. correct.) 16 à 200 fr., 6 à 10 jours. (*L., art.* 2, § 3 *n°* 4., *D., art.* 38.)

19. *Idem*. Refus d'arrêter. — (Trib. correct.) 16 à 100 fr. (*L., art.* 10.)

20. *Idem* n'enrayant pas aux descentes. — (Trib. correct.) 16 à 200 fr. (*L., art.* 2, § 3 *n°* 5 *et art.* 6. *D., art.* 27.) — *Faire arrêter pour constater l'infraction.*

21. *Idem*. Défaut de feuille de route. — (Trib. correct.) 16 à 200 fr., 6 à 10 jours. (*L., art.* 2 § 3 *n°* 4 *et art.* 6. *D., art.* 31.) — *Constater en cas de réclamation.*

22. *Idem*. Voyageurs et bagages pris en route non inscrits. — (Trib. correct.) 16 à 200 fr., 6 à 10 jours. (*L., art.* 2, § 3 *n°* 4 *et art.* 6. *D., art.* 32.) — *Les paquets pris en route doivent*

être inscrits. — Pour les excédants de voyageurs, voir plus bas nº 47. On peut faire arrêter pour la constatation de l'infraction.

23. Conducteur ou postillon descendant de son siége sans nécessité. — (Trib. correct.) 16 à 200 fr., 6 à 10 jours. (*L., art. 2, § 3 nº 5 et art. 6. D., art. 34.*)

24. *Idem.* Les deux descendus ensemble. — (Trib. correct.) 16 à 200 fr., 6 à 10 jours. (*L., art. 2, § 3 nº 5 et art. 6. D., art. 34.*)

25. *Idem* ne fermant pas les portières. — (Trib. correct.) 16 à 200 fr., 6 à 10 jours. (*L., art. 2, § 3 nº 5 et art. 6. D., art. 34.*)

26. Conducteur de voiture ne servant pas au transport des personnes ne se rangeant pas à droite ou stationnant sans nécessité sur la voie publique. — (Simple police.) 6 à 10 fr., 1 à 3 jours. (*L., art. 2, § 2 nº 5 et art. 5. D., art. 9 et 10.*)

27. Convoi de plus de 4 voitures à 4 roues attelées d'un cheval. — (Simple police.) 6 à 10 fr., 1 à 3 jours. (*L., art. 2, § 2 nº 4 et art. 5. D., art. 13 et 14.*)

28. *Idem* de plus de 3 voitures à 2 roues à un cheval. — (Simple police.) 6 à 10 fr., 1 à 3 jours. (*L., art. 2, § 2 nº 4 et art. 5. D., art. 13 et 14.*)

29. *Idem* de plus de 2 voitures dont une à plus d'un cheval. — (Simple police.) 6 à 10 fr., 1 à 3 jours. (*L., art. 2, § 2 nº 4 et art. 5. D., art. 13.*)

30. *Idem.* Distance entre les convois moindre de 50 mètres. (Simple police.) 6 à 10 fr., 1 à 3 jours. (*L., art. 2, § 2 nº 4 et art. 5. D., art. 13.*)

31. Dégel. (Contravention aux arrêtés concernant le). — (Cons. prefect.) 3 à 50 fr. (*L., art. 2, § 1 nº 6 et art. 4 et 9. D., art. 7.*)

32. Éclairage (Défaut d') d'une voiture publique. — (Trib. correct.) 16 à 200 fr., 6 à 10 jours. (*L. art.* 2, § 3 n° 2 *et art.* 5. *D., art.* 28.) — *Faire arrêter pour constater le delit.*

33. *Idem* de toutes autres voitures ne servant pas au transport des personnes. — (Simple police). 6 à 10 fr., 1 à 3 jours. (*L., art.* 2, § 2 n° 5 *et art.* 5. *D., art.* 15.) — *L'éclairage des voitures des particuliers est réglementé par des arrêtés des préfets.* (Décret du 24 fév. 1858). — *Le procès-verbal doit mentionner l'heure exacte et surtout l'apparence du temps, si la contravention est commise au moment du lever ou du coucher du soleil.*

34. Entrepreneur de voiture publique n'ayant pas de registre d'inscription des voyageurs. — (Trib. correct.) 16 à 200 fr., 6 à 10 jours. (*L., art.* 2, § 3 n° 4 *et art.* 6. *D., art.* 31.) — *Verbaliser en cas de plainte.*

35. *Idem* n'ayant pas de registre de plaintes. — (Trib. correct.) 16 à 200 fr., 6 à 10 jours. (*L., art.* 2, § 3 n° 4 *et art.* 6. *D., art.* 39.) — *Verbaliser en cas de plainte.*

36. *Idem* n'ayant pas fait connaître le lieu de ses relais. — (Trib. correct.) 16 à 200 fr., 6 à 10 jours. (*L., art.* 2, § 3 *n°* 1 *et art.* 6. *D., art.* 35.)

37. Essieux, Longueur dépassant 2 mètres 50 centimètres. — (Cons. prefect.) 5 à 30 fr. (*L., art.* 2, § 1er *n°* 1 *et art.* 4. *D., art.* 1er.)

38. *Idem.* Extrémités dépassant 6 centimètres. — (Cons. prefect.) 5 à 30 fr. (*L., art.* 2, § 1er *n°* 1 *et art.* 4. *D., art.* 1er.)

39. *Idem.* Distance entre les axes moindres de 1 mètre 55 centimètres. — (Trib. correct.) 16 à 200 fr., 6 à 10 jours. (*L., art.* 2, § 3 *n°* 1 *et art* 6. *D., art.* 21.)

40. Essieux de voiture publique; mauvaise confection. — (Trib. correct.) 16 à 200 fr., 6 à 10 jours. (*L., art.* 2, § 3 *n°* 1 *et art.* 6. *D., art* 26.) — *Les essieux seront en fer corroyé de bonne qualité.*

41. Faux nom ou faux domicile (Déclaration de.) — (Trib. correct.) 50 à 200 fr., 6 jours à 6 mois. (*L., art.* 8, 20 *et* 21.)

42. Moyeux dont la saillie excède 12 centimètres. — (Cons. préfect.) 5 à 30 fr. (*L., art.* 2, § 1er *n°* 1 *et art.* 4. *D., art.* 1er.)

43. Pavillon d'une voiture publique dont la hauteur, à partir du fond, est inférieure à 1 mètre 40 centimètres. — (Trib., correct.) 16 à 200 fr., 6 à 10 jours. (*L., art.* 2, § 3 *et art.* 6. *D., art.* 23.)

44. Places. Voitures publiques; nombre non indiqué à l'extérieur. — (Trib. correct.) 16 à 200 fr., 6 à 10 jours. (*L., art.,* 2, § 3 *n°* 3 *et art.* 6. *D., art.* 30.)

45. *Idem* n'ayant pas 48 centimètres de largeur. — (Trib. correct.) 16 à 200 fr., 6 à 10 jours. (*L., art.* 2, § 3 *n°* 3 *et art.* 6. *D., art.* 23.) — *Pour les voitures publiques faisant un trajet de moins de 20 kilomètres, la largeur est réduite à 40 centimètres.*

46. *Idem* prix et numéros non affichés à l'intérieur. — (Trib. correct.) 16 à 200 fr., 6 à 10 jours. (*L., art.* 2, § 3 *n°* 3 *et art.* 6. *D., art.* 30.)

47. *Idem.* Excédant de voyageurs. — (Trib. correct.) 16 à 200 fr., 6 à 10 jours. (*L., art.* 2, § 3 *n°* 3 *et art.* 6. *D., art.* 30.)

48. Plainte par un conducteur contre un autre voiturier qui ne s'est pas rangé à droite et n'a pas cédé la moitié de la chaussée. — (Trib. correct.) 16 à 200 fr., 6 à 10 jours. (*L. art.* 2, § 3 *n°* 5 *et art.* 5 *et* 6. *D., art.* 35). — *Procès-verbal à transmettre sur-le-champ au procureur de la République.*

49. Plaque (Défaut de) ou plaque illisible. — (S. pol.) 6 à 15 fr. (*L., art.* 3, 7, 20 *et* 21. *D., art.* 16. — *La plaque doit être en métal, les caractères lisibles et apparents, d'au moins* 5 *millim. de hauteur. — Les voitures particulières servant au transport des personnes et celles servant à l'exploitation des fermes en sont seules dispensées.*

50. *Idem* fausse. — (Trib. correct.) 16 à 200 fr., 6 jours à 6 mois. (*L., art.* 8, 20 *et* 21.)

51. Ponts suspendus. Chevaux conduits au trot; postillon n'étant pas sur son siége; ayant dételé de ses chevaux, etc. — (Cons. préfect.) 5 à 30 fr. (*L., art.* 2, § 1er n° 6 *et art.* 4. *D., art.* 8.)

52. Postillon outrageant la gendarmerie. — *V.* v° *Outrages.*

53. *Idem* ivre. — (Trib. correct.) 16 à 200 fr., 6 à 10 jours. (*L., art.* 2, § 3 *n°* 4 *et art.* 6. *D., art.* 37.)

54. Relayeur absent à l'arrivée des voitures. — (Trib. correct.) 16 à 200 fr., 6 à 10 jours. (*L., art.* 2, § 3 *n°* 4 *et art.* 6. *D., art.* 37.)

55. Roulier ne prenant pas sa droite et ne cédant pas la moitié de la chaussée. — (Simple police.) 6 à 10 fr. (*L., art.* 2, § 2 *n°* 5 *et art.* 5. *D., art.* 10.)

56. *Idem* ne se trouvant pas à portée de ses chevaux ou défaut de guides. — (Simple police.) 6 à 10 fr. (*L., art.* 2, § 2 *n°* 5 *et art.* 5. *D., art.* 14.)

57. *Idem* conduisant plus de 4 voitures à 4 roues et à 1 cheval. — (Simple police.) 6 à 10 fr. (*L., art.* 2, § 2 *n°* 4 *et art.* 5. *D., art.* 13.)

58. *Idem* conduisant plus de 3 voitures à 2 roues et à 1 cheval. — (Simple police.) 6 à 10 fr. (*L., art.* 2, § 2 *n°* 4 *et art.* 5. *D., art.* 13.)

59. ROULIER conduisant plus de 2 voitures dont une à plusieurs chevaux. — (Simple police.) 6 à 10 fr. (*L., art.* 2, § 2 *n°* 4 *et art.* 5. D., *art.* 13.)

60. VOITURE à 2 roues servant au transport des marchandises attelée de plus de 5 chevaux. — (Cons. préfec.) 5 à 30 fr. (*L., art.* 2, § 1er *n°* 5 *et art.* 4. *D., art.* 3.) — *N'est pas applicable aux pentes d'une déclivité ou d'une longueur exceptionelle.*

61. *Idem* à 4 roues servant au transport des marchandises attelée de plus de 8 chevaux. — (Cons. préfect.) 5 à 30 fr. (*L., art.* 2, § 1er *n°* 5 *et art.* 4. *D., art.* 3.) — *Des autorisations peuvent être données pour augmenter le nombre de chevaux.*

62. *Idem* publique à 2 roues ayant plus de 3 chevaux et à 4 roues en ayant plus de 6. — (Cons. préfect.) 5 à 30 fr. (*L., art.* 2, § 1er *n°* 5 *et art.* 4. *D., art.* 3.)

63. *Idem* publique ne portant pas à l'extérieur d'estampille, le nombre de places, le nom de l'entrepreneur. (Trib. correct.) — 16 à 200 fr., 6 à 10 jours. (*L., art.* 2, § 3 *n°* 1 *et art.* 6. *D., art.* 29.)

171. — SCELLÉS (BRIS DE). (*Art.* 252 *C. p.*)

Lorsque les scellés auront été apposés par autorité de justice, leur bris est punissable, quels qu'en soient les auteurs, même les héritiers. Le gardien est passible d'une peine pour sa simple négligence.

Joindre au procès-verbal les morceaux brisés.

172. — SECRETS DE FABRIQUE (DIVULGATION DE). (*Art.* 418 *C. p.*)

La lecture du Code pénal indiquerait à la gendarmerie ce qu'elle aurait à constater en pareil cas.

173. — SOCIÉTÉS SECRÈTES. (*Art.* 291 *C. p.* — *Art.* 13 *L. du* 18 *juill.* 1848. — *D. du* 25 *mars* 1852.)

La société secrète est une association mystérieuse d'individus qui sont liés ensemble par des serments ou des devoirs occultes et qui souvent revêtant des dehors menteurs, n'a pour but que de s'attaquer au gouvernement et à l'ordre social en général. Pour bien les connaître, lire l'ouvrage d'Agricol Perdiguier sur les devoirs du compagnonnage et suivre les procès de cette nature qui se sont déroulés et se déroulent devant les cours d'assises.

Dés que des gendarmes croient qu'une association de ce genre existe, ils doivent en informer leurs chefs et le procureur de la République qui les aident alors de leurs conseils pour mener à bien l'affaire.

174. — SUBSTANCES NUISIBLES (ADMINISTRATION DE). (*Art.* 317 § 4 *C. p.*)

Ce fait, qui constitue un délit, consiste dans l'administration volontaire, de quelque manière que ce soit, de substances nuisibles à la santé, sans être de nature à donner la mort; mais il devient un crime s'il occasionne une incapacité de travail de plus de vingt jours ou si la victime est un ascendant. *Il importe de bien constater ces deux circonstances aggravantes.*

175. — TÉLÉGRAPHES. (*L. du* 27 *déc.* 1851.)

Cette loi réprime : 1° la transmission sans autorisation des signaux d'un lieu à un autre, soit à l'aide de machines télégraphiques, soit à l'aide de tous autres moyens;

2° L'interruption volontairement faite de la correspondance électrique ou aérienne, soit par la rupture des fils, soit par la dégradation des appareils, soit par tout autre moyen;

3° La destruction ou la dégradation *grave* des fils télégraphiques;

4° La destruction des télégraphes et l'envahissement des postes télégraphiques à l'aide de violences ou menaces;

5° L'interception par tout moyen, avec violences ou menaces, des communications télégraphiques entre les diverses autorités;

6° L'opposition avec violences ou menaces au rétablissement d'une ligne télégraphique;

7° La rébellion envers les agents des lignes télégraphiques;

8° Le fait matériel provenant de l'imprudence ou de l'inattention pouvant compromettre le service de la télégraphie électrique;

9° La dégradation quelconque des appareils télégraphiques.

Ces deux derniers faits constituent une contravention poursuivie et jugée comme en matière de grande voirie.

175 *bis.* — TIMBRE MOBILE DE 10 CENTIMES A APPOSER SUR CHAQUE ACTE, ÉCRIT, QUITTANCE, REÇU OU DÉCHARGE, ETC. (*Art.* 23, *L. du* 23 *août* 1871 *et décret du* 27 *novembre* 1871.)

La gendarmerie est chargée d'assurer l'exécution de la loi du 23 août 1871 et du décret portant règlement d'administration publique en date du 27 novembre suivant.

L'art. 23 de la loi dispose qu'une amende de 50 fr. en principal est due par chaque acte, écrit, quittance, reçu ou décharge pour lequel le droit de timbre n'a pas été acquitté.

Le même article donne pouvoir aux agents de la force publique de constater les contraventions par procès-verbaux auxquels doivent être annexées les pièces non timbrées.

Sur les quittances au-dessus de 10 fr., un timbre mobile doit être collé et immédiatement oblitéré par l'apposition à l'encre noire en travers du timbre de la signature du créancier ou de celui qui donne reçu ou décharge, ainsi que de la date de l'oblitération, conditions sans lesquelles le timbre est considéré comme n'existant pas.

Les procès-verbaux doivent être remis par les gendarmes aux receveurs de l'enregistrement. La loi attribue aux agents un quart des amendes recouvrées. (*V.* le *Mémorial*, 8e vol., p. 259, 435 et 437.)

L'art. 20 de la loi dispose : Sont seuls exceptés du droit de timbre de 10 cent. :

1° Les acquits inscrits sur les chèques, ainsi que sur les lettres de change, billets à ordre et autres effets de commerce assujettis au droit proportionnel;

2° Les quittances de 10 fr. et au-dessous, quand il ne s'agit pas d'un à-compte ou d'une quittance finale sur une plus forte somme;

3° Les quittances énumérées en l'art. 16 de la loi du 13 brumaire an VII, à l'exception de celles relatives aux traitements et émoluments des fonctionnaires, officiers des armées de terre et de mer et employés salariés par l'État, les départements, les communes et tous établissements publics;

4° Les quittances délivrées par les comptables de deniers publics, celles des douanes, des contributions indirectes et des postes qui restent soumis à la liquidation qui leur est spéciale. — Toutes autres dispositions contraires sont abrogées.

176. — TROMPERIE SUR LA MARCHANDISE VENDUE ET LIVRÉE. (*Art. 423 L. du 27 mars 1851.*)

Les différentes fraudes concernant les choses usuelles qui se vendent ou s'achètent, appelées tromperies par le législateur, sont réprimées quand elles ont lieu sur la *nature*, la *qualité* ou la *quantité* de la marchandise livrée ou vendue.

1° *Tromperie sur la nature de la marchandise vendue ou livrée.* — Elle concerne toute espèce de marchandises, c'est-à-dire de choses qui font l'objet d'un trafic et s'applique au commerce des substances alimentaires et médicamentaires et des boissons toutes les fois que la tromperie est réalisée à l'aide de moyens autres que la falsification. (*V. v° Falsification.*)

Exemple : *Vendre comme vin de tel cru un vin d'un autre cru.* (*Cass.*, 18 mai 1854.)

Ce genre de tromperie consiste simplement dans des paroles et des mensonges sans qu'il soit besoin d'un concours d'actes et de faits pour les appuyer. — La tromperie est consommée non pas lorsque le vendeur a réussi à tromper l'acheteur, mais lorsqu'il a fait des actes qui attestent sa cupidité et sa mauvaise foi.

Exemple : *Un individu livre une marchandise différente de celle qu'il annonçait, et l'acheteur, au moment même de la livraison, en raison de ses connaissances spéciales, s'aperçoit de la fraude. (Paris, 19 fév. 1857.)*

Par le mot *nature* on entend tout ce qui fait l'individualité ou la spécialité d'une marchandise et sert à la faire distinguer des autres dans le commerce.

Exemple : *Le fait d'envoyer du drap d'Elbeuf au lieu de drap de Louviers qu'on a vendu, est une tromperie.*

2° *Tromperie sur la qualité.* — Elle échappe en principe à toute répression, à moins qu'elle ne concerne les pierres précieuses et les matières d'or et d'argent. (*Art. 423 C. p.*)

Quand on se borne à vendre comme bonne une marchandise qui ne l'est pas ou à faire l'éloge de sa marchandise, ce fait n'est pas réprimé, car autrement, il faudrait poursuivre tous les marchands; c'est à l'acheteur à faire la part du charlatanisme.

3° La *tromperie* sur la *quantité* a lieu : 1° par usage de faux poids et de fausses mesures; 2° par usage d'instruments inexacts servant au pesage et au mesurage; 3° par des manœuvres ou procédés tendant à fausser l'opération du pesage ou du mesurage. — Exemble : *Placer sous un des plateaux d'une balance un corps lourd;* — 4° par augmentation frauduleusement faite, même avant l'opération, du poids ou du volume de la marchandise. — Exemple : *Infraction commise par les marchands qui mouillent leur tabac, leur bois, leur sucre ou raisins secs, etc.* — 5° Par des indications frauduleuses tendant à faire croire à un pesage ou mesurage antérieur et exact.

Ce paragraphe a pour but d'atteindre les fraudes qui se commettent sans qu'il y ait pesage ou mesurage devant l'acheteur, par le vendeur des marchandises dont le poids est présumé, d'après le nombre qui compose leur collection, d'après le nom, la forme ou certaines indications et dont quelquefois la facture, l'enveloppe ou l'assemblage cherchent à persuader l'existence d'un pesage antérieur et exact, base du prix. — Exemple : *Les sacs de charbon, usage de Paris, doivent avoir deux hectolitres, il y a tromperie de la part du marchand qui vend des sacs contenant 174 litres.* (*Paris*, 31 *août* 1856.)

C'est le genre de tromperie que commettent les boulangers, marchands de bois, etc.

La *tentative du délit de tromperie* est punie comme le délit lui-même.

Ainsi, il y a *tentative* de tromperie dans le fait d'un marchand d'exposer en vente des marchandises qu'il annonce comme ayant un poids ou une mesure déterminée et dont la quantité est inférieure au pesage ou au mesurage annoncé. — Exemple : *Le fait par un boulanger, lorsqu'un usage local a affecté aux pains d'un certain poids une forme particulière, d'exposer dans sa boutique pour la mise en vente un pain d'un poids moindre que la forme fait présumer.* (*Cass.*, 30 *juin* 1854.) *Surtout quand le déchet est tel qu'il ne peut provenir de la cuisson.* (*Orléans*, 11 *novembre* 1851.)

De même lorsqu'un arrêté municipal prescrit aux boulangers d'apposer sur les pains une marque indicative du poids et d'écrouler ceux qui ne l'ont pas. (*Cass.*, 4 *fev.* 1854.)

Lorsqu'un arrêté municipal prescrit de ne vendre à la halle certains produits agricoles, tels que le foin, par paquets ou par bottes d'un poids déterminé, le fait de mettre en vente des bottes d'un poids inférieur constitue le délit. (*Cass.*, 6 *octobre* 1854.)

Il importe, pour la constatation de ce délit, de bien en comprendre les caractères constitutifs et de s'appliquer à raconter le fait dans les circonstances les plus minutieuses. Si le délit est constaté direc-

tement, saisir toujours la marchandise, à moins que son poids soit trop volumineux. Si c'est sur une plainte, la vérifier en se rendant sur les lieux; recevoir les explications du délinquant et s'il a des complices, c'est-à-dire si d'autres que lui ont participé au délit, les indiquer. Ainsi si l'on verbalise contre un épicier qui vend des bougies n'ayant pas le poids indiqué sur le papier, il faut faire connaître le nom du fabricant.

En tous cas signaler minutieusement le corps du délit.

177. — USURE HABITUELLE. (*Art.* 2 *L. du* 19 *décembre* 1850.)

178. — USURPATION DE TITRE, CHANGEMENT DE NOM, (*Art.* 259 *C. p.* — *L. du* 7 *mai* 1858.)

Il faut que l'individu ait publiquement et sans droit, et dans le but de s'attribuer une distinction honorifique, pris un titre, changé ou altéré son nom.

Le procès-verbal doit bien relater toutes les conditions constitutives du délit

179. — VAGABONDAGE. (*Art.* 269 *C. p.*)

La gendarmerie doit spécialement surveiller les vagabonds. (*Art.* 383 *D. G.*)

Les vagabonds ou gens sans aveu sont les individus qui n'ont ni domicile certain ni moyens de subsistance, qui n'exercent habituellement ni métier ni profession. (*Art.* 270 *C. p.*) Il faut la réunion de ces trois conditions pour constituer le vagabondage. Cependant l'individu qui serait porteur d'une somme supérieure à 100 fr. sans pouvoir en justifier l'origine, devrait être arrêté. (*Art.* 278.) Pour les circonstances aggravantes du délit, voir le mot *mendicité;* elles s'appliquent également aux vagabonds.

Il faut faire attention à l'âge du vagabond; car s'il à moins de seize ans, il ne peut être condamné à l'emprisonnement. (*Art.* 271 *C. p.*)

Faux colporteurs, faux marchands forains. — Il existe des individus porteurs de passe-ports et pourvus d'une profession apparente qui ne sont au demeurant que des vagabonds et doivent être arrêtés. Il se trouve dans toutes les foires, des individus qui débitent quelques chaînes de métal, des couteaux des cahiers de chansons, etc., dont le nombre reste toujours le même et qui, sous l'apparence d'un commerce qui n'en est pas un, commettent des escroqueries. — Ces individus, n'ayant en général ni domicile certain ni moyens de subsistance et n'exerçant pas une profession véritable, doivent être arrêtés (*Inst. G. des sceaux, 12 juin* 1822.)

C'est une affaire de tact, d'habitude et d'observation de la part des gendarmes de distinguer et d'arrêter les gens sans aveu. Ils doivent toujours confronter le signalement des vagabonds avec ceux qu'ils possèdent pour la recherche des malfaiteurs.

180. — VENTE DE MARCHANDISES NEUVES A L'ENCAN. (*Art.* 7. *et* 8 *L. du* 25 *juin* 1841.)

Sont interdites, sous peines correctionnelles, les ventes de marchandises neuves à cri public, soit aux enchères ou au rabais, soit à prix fixe, proclamé avec ou sans l'assistance d'officiers ministériels, à moins cependant qu'elles ne soient autorisées ou qu'elles consistent en objets de menue mercerie.

180 *bis*. — VIOL. (*Art.* 332 § 1 *C. p.*)

Le viol est la conjonction illicite des sexes contre la volonté d'une personne. Pour constituer ce crime il faut la copulation et la violence. Pour *la tentative*, il faut une suite d'actes et de violences tendant à un but déterminé qui peut ne pas réussir par une circonstance indépendante de la volonté de son auteur, telle que la résistance de la victime, l'arrivée d'un tiers, etc. La circonstance qu'une fille se livrerait notoirement à la prostitution, ou aurait des enfants naturels, n'ôterait pas au viol son caractère de crime.

La première précaution à prendre dès qu'un viol est dénoncé, c'est d'inviter la victime à se faire visiter par un médecin, ou en tout cas, par une matrone ou une parente. Saisir les linges de la vic-

time ainsi que les vêtements, s'ils sont déchirés ou maculés. Si la lutte a eu lieu dans un champ, constater les traces laissées sur le terrain : recueillir la déposition de la victime dans ses détails les plus intimes. Entendre les personnes qui ont une connaissance plus ou moins directe des moindres faits se rattachant au viol, qui ont vu la victime et son agresseur, qui ont entendu des cris, etc. Si le délit est flagrant, arrêter l'inculpé, saisir sa chemise et la présenter à un médecin si cela se peut. Prendre les renseignements les plus minutieux sur la conduite et les antécédents de la victime, si elle est adulte surtout. Contrôler avec soin ses dires et, si on concevait des doutes sur leur sincérité, en faire part; indiquer son âge exactement en precisant la date et le lieu de sa naissance.

Circonstances aggravantes qui doivent être relatées avec soin :

1° Si la victime est âgée de moins de 15 ans; 2° si l'inculpé est père, aieul ou ascendant de la victime; 3° s'il a autorité sur elle. (*Un beau-père a autorité sur sa belle-fille, — un maître sur sa domestique, — un tuteur sur sa pupille, — un contre-maître de fabrique, sur les ouvrières qui travaillent sous ses ordres*); 4° s'il est instituteur; 5° s'il est serviteur à gages; 6° s'il est ministre du culte; 7° s'il est fonctionnaire public; 8° s'il a été aidé dans son crime, par une ou pluieurs personnes. *Spécifier la part active que chacun a pris au crime;* 9° si, pour l'execution du crime, il a été employé dés tortures ou actes de barbarie.

181. — VIOLATION DE DOMICILE (*Art. 184 C. p.*)

Ce délit étant commis par un fonctionnaire, V. v° *Abus d'autorité.*

Pour qu'il y ait violation de domicile de la part d'un simple citoyen, il faut que son introduction ait lieu avec menaces ou violences. — *Il importe de bien préciser dans le procès-verbal la nature des menaces ou de la violence employées par un individu pour s'introduire dans le domicile d'un citoyen,*

(S'il a fait des menaces restant sur la porte ou s'il s'est introduit sans menaces ni violences, il n'y a pas de délit.)

181 *bis*. — VIOLATION DE SÉPULTURE ET DE TOMBEAU. *(Art. 360 C. p.)*

Déterrer un cadavre pour le livrer à des opérations anatomiques, s'emparer des objets renfermés dans les cercueils, frapper avec un bâton la tombe des morts en vociférant des injures, sont quelques exemples de ce délit.

182. — VIOLENCES ENVERS UN OFFICIER MINISTÉRIEL, UN AGENT DE LA FORCE PUBLIQUE OU UN CITOYEN CHARGÉ D'UN MINISTÈRE DE SERVICE PUBLIC. *(Art. 230 C. p.)*

V. v° *Outrages* in fine, p. 94.

183. — VOL. *(Art. 379 et suivants C. p.)*

Le vol est la soustraction frauduleuse de la chose d'autrui.

Il n'est pas nécessaire que le propriétaire de la chose volée la réclame ou soit connu. Ainsi, il y a vol dans le fait de celui qui retient un objet trouvé et le ramasse avec l'intention de se l'approprier.

La non restitution d'objets prêtés ou loués ne peut constituer un vol.

Les soustractions commises entre ascendants et descendants ou alliés au même degré, ou entre époux, ne sont pas punissables (*art. 380 C. p.*); mais les étrangers ou autres parents qui se sont rendus coupables ou complices de ces vols sont punissables.

Le vol est appelé *qualifié* lorsqu'il est accompagné des circonstances aggravantes qui vont être énumérées ci-après.

Il faut les constater avec le plus grand soin dans les procès-verbaux.

VOL la nuit en réunion de deux ou plusieurs personnes. — *Indiquer la part et le rôle rempli par chacun des voleurs.*

— La nuit par une seule personne dans une maison habitée ou dépendant d'une maison habitée. (*Voir la définition à l'art. 390 C. p.*)

Il importe de désigner la situation des lieux, et si cela est nécessaire de faire un petit plan joint au procès-verbal, afin de se faire bien comprendre. L'heure doit être précisée exactement.

— Avec port d'armes apparentes ou cachées. — *Spécifier la nature des armes et la manière dont elles étaient portées.*

— Avec violences ou menace de faire usage de ses armes. — *Demander la bourse ou la vie à un individu qui est couché dans son lit, en levant sur sa tête un bâton, constitue la violence avec menaces.*

Avec violences ayant laissé des traces de blessures ou contusions. — *Examiner avec attention l'état du corps et décrire les traces de blessures qu'on aperçoit. (Art. 382 C. p.)*

— Avec effraction intérieure ou extérieure. (*Art. 396 C. p.*) — *Spécifier sa nature et dire si elle a été faite aux contrevents, persiennes, croisées, portes, planchers, cloisons, armoires, buffets, coffres, malles, ballots sous toile ou cercle, etc.*

Si les effractions présentent quelques traces d'un instrument quelconque, on les mesure et on les décrit avec soin; lorsque les instruments sont saisis, on les rapproche de ces traces. Si quelque objet, tel que serrure, verrou, planche, couvercle a été brisé, il faut le saisir.

— Avec fausses clefs. (*Art. 398 C. p.*) — *Saisir la fausse clef et l'essayer dans la serrure qu'elle a servi à ouvrir. Si elle n'est pas trouvée, démontrer que la serrure n'a pu être ouverte qu'à l'aide d'une fausse clef.*

— Avec escalade (*Art. 397 C. p.*) — Est qualifiée escalade, toute entrée dans les bâtiments, cours, basses-cours, jardins, enclos, exécutée par dessus les murs ou toute autre clôture. L'entrée par une ouverture souterraine est une escalade.

Bien décrire la manière dont le voleur s'est introduit dans une maison ou enclos. Mesurer la hauteur des murs, croisées, toits, etc.

— Sur les chemins publics. — *Définir la nature du chemin, si c'était dans un endroit isolé, dans une traverse de bourg ou dans les rues ou faubourgs d'une ville.*

Par le domestique, homme de service à gages, ouvrier, apprenti de la personne volée, ou par un individu travaillant habituellement dans l'habitation où il aura volé. (*Art.* 386 *C. p.*)

— Par les aubergistes, voituriers, bateliers, des choses qui leur avaient été confiées à ce titre. (*Art.* 386 *C. p.*)

— Par enlèvement ou tentative d'enlèvement de bornes servant de séparation aux propriétés. (*Art.* 389 *C. p.*)

— Par bris de scellés. (*Art.* 253 *C. p.*)

— De pièces dans des dépôts publics. (*Art.* 254, 255 *C. p.*)

184. — VOL DANS LES CHAMPS. (*Art* 388 *C. p.*)

L'art. 388 réprime :

1° Le vol ou la tentative de vol commis, *dans les champs*, de chevaux, de bêtes de charge ou de voiture, de gros et menus bestiaux, de récoltes ou autres productions utiles de la terre, *déjà détachées du sol*, de meules de grain faisant partie de récoltes.

Les circonstances aggravantes qui doivent être minutieusement relevées, sont : la nuit, la pluralité des coupables et pour les productions du sol, l'enlèvement à l'aide de voitures ou d'animaux.

2° Le vol ou la tentative de vol de récoltes ou autres productions utiles de la terre *non détachées du sol*; mais à la condition, pour devenir d'une simple contravention un délit correctionnel, d'avoir été soustraites soit avec des paniers, des sacs ou autres objets, soit la nuit, soit à l'aide d'animaux ou de voitures, soit par plusieurs personnes.

Le procès-verbal doit faire connaître le lieu du vol; la nature des récoltes volées, en indiquant si elles étaient sur pied ou coupées; l'heure du vol et les moyens employés pour le perpétrer.

Ces vols sont généralement commis entre voisins;

les traces de pas sont les indices matériels les plus importants à recueillir, et la perquisition est presque toujours le moyen à employer pour découvrir l'auteur des vols.

Les vols de bois dans les ventes, de pierres dans les carrières, et de poissons dans les rivières, étangs ou réservoirs, tombent sous l'application de cet article. (V. v° *Délits ruraux*.)

184 *bis*. — VENTE D'ENGRAIS FALSIFIÉS.
(*L.* 27 *juillet* 1867.)

Le délit existe contre celui qui: 1° vendant ou mettant en vente des engrais ou amendements, aura trompé ou tenté de tromper l'acheteur, soit sur leur nature, leur composition, ou le dosage des éléments qu'ils contiennent, soit sur leur provenance, soit en les désignant sous un nom, qui, d'après l'usage, est donné à d'autres substances fertilisantes; 2° aura vendu ou tenté de vendre, sans avoir prévenu l'acheteur, des engrais ou amendements qu'il saura être falsifiés, altérés ou avariés.

SECTION 2.

185. — TABLEAU DES CONTRAVENTIONS DE SIMPLE POLICE.

—

1° CONTRAVENTIONS RÉPRIMÉES PAR LE CODE PÉNAL.

—

ABANDON, instruments aratoires, armes, etc. (*art.* 471 *n°* 7 *C. p.*).

AFFICHES. Enlèvement, lacération (*Art.* 479 *n°* 9).

ANIMAUX tués ou blessés volontairement, par armes, par jets de corps durs, par vétusté d'édifices, par encombrement ou excavations des rues (*art.* 479 *n°s* 2, 3, 4.)

ARMES, V. *Abandon*.

JEU DE HASARD dans un lieu public (*art.* 475 n° 5).

MONNAIES. Refus de recevoir des monnaies nationales (*art.* 475 n° 11).

PACAGES sur terrain d'autrui; bestiaux non conduits à vue (*art.* 479 n° 10).

PASSAGE d'hommes sur le terrain d'autrui préparé ou ensemencé (*art.* 471 n° 13).

PASSAGE de bestiaux ou autres animaux avant l'enlèvement de la récolte (*art.* 471 n° 14).

PASSAGE d'homme sur le terrain chargé de récoltes (*art.* 475 n° 9).

Idem. — avec bestiaux ou animaux (*art.* 475 n° 10).

POIDS ET MESURES (*art.* 479 n° 6).

REGISTRES d'hôteliers (défaut de tenue ou de présentation des) (*art.* 475 n° 2).

RÈGLEMENTS administratifs ou municipaux (inobservation des) (*art.* 471 n° 15).

REVENDEURS. Défaut de registres.

ROUTES. Obligations des conducteurs de charrettes et voitures; se tenir à portée de ses chevaux; être en état de les guider; se déranger à l'approche de toute voiture et leur laisser la moitié de la route (*art.* 475 n° 3).

RUES. Défaut de balayage (*art.* 471 n° 4).

SECOURS. V. *Service public.*

SERVICE PUBLIC. Refus en cas de sinistre, de pillage, de flagrant délit, d'arrestation judiciaire, de prêter secours (*art.* 475 n° 12).

VOIE publique (embarras de la) (*art.* 471 n° 4).

VOIRIE (inobservation des règlements de petite). Refus d'obéir aux arrêtés municipaux, de détruire des édifices en ruine, etc. (*art.* 471 n° 5).

La petite voirie embrasse toutes les voies de communication d'un intérêt local, tels que chemins vicinaux, cours d'eau ni navigables ni flottables, rues et places des villes, bourgs et villages.

VOITURES (mauvaise direction de) (*art.* 475 n° 3).

Vol de récoltes et autres productions utiles de la terre non détachées du sol (*art.* 475 n° 15).

186. — 2° CONTRAVENTIONS PUNIES PAR DES LOIS SPÉCIALES.

Animaux morts, défaut d'enfouissage. (*L. du* 23 *therm. an* IV, *art.* 2.)

Animaux, mauvais traitement. (*L. du* 2 *juill.* 1850.)

Bacs, bateaux, ponts. Perception illégale de droits. (*L. du* 6 *frim. an* VII, *art.* 52, 56, 58.) — Inobservation des règlements sur la police des bacs, bateaux et ponts, par les adjudicataires, mariniers et autres. (*L. du* 6 *frim. an* VII, *art.* 51.)

Bestiaux. Dégâts qu'ils causent par suite d'abandon. (*L. du* 6 *oct.* 1791, *art.* 12.) — Les volailles à l'abandon, causant des dégâts, peuvent être tuées sur place. (*L. du* 6 *oct.* 1791, *art.* 12.)

Bois et forêts des particuliers. — V. *Code forestier*, art. 57, 70, 72, 73, 75, 78, 79, 80, 85, 120, 144, 147, 192, 194, 196, 197, 199 et 201.

Chèvres envoyées à la vaine pâture en contravention. (*L. du* 6 *oct.* 1791, *art.* 18.)

Desséchements (Conservation des travaux de). *L. du* 16 *sept.* 1807, *art.* 33. — *D. G.*, *art.* 314.)

Enfants employés dans les professions ambulantes. (*L. du* 7 *déc.* 1874, *art.* 4.)

Fêtes et dimanches (Inobservation). (*L. du* 18 *nov.* 1814.)

Feux allumés dans les champs. (*L. du* 6 *oct.* 1791 *art.* 10.)

Fumiers enlevés sans permission. (*L. du* 6 *oct.* 1791, *art.* 33.)

Glanage dans un enclos. (*L. du* 6 *oct.* 1791, *art.* 21.)

Ivresse. (*L. du* 23 *janv.* 1873.)

Patrons et ouvriers. Exécution des lois et règlements relatifs aux contraventions en matière de bobinage et de tissage. (*L. du* 17 *mars* 1850, *art.* 8.) — Inexécution des lois et règlements concernant les livrets et le registre des patrons et ouvriers. (*L. du 22 juin 1854, art. 11.*)

TRAVAIL des enfants dans les manufactures, inobservation des règlements. (*Loi du 22 mars 1841, art. 12. — Décret du 13 mai 1875.*)

VOIRIE (Grande). (*L. du 23 août 1743. — 29 floréal an X. — Art. 313 D. G.*)

186 *bis*. — 3° CONTRAVENTIONS A DES ARRÊTÉS DE L'AUTORITÉ.

Les contraventions principales sont :

1° Les anticipations, dépôts de fumiers et autres objets, et toutes les détériorations commises sur les grandes routes, canaux, fleuves, rivières, chemins de halage, ports maritimes, chemins de fer, et à leurs arbres, fossés, bords, ouvrages d'art et clôtures ;

2° Le dépôt de matériaux à moins de 8 mètres des bords d'une rivière navigable ;

3° Le stationnement ou le passage des bestiaux sur les berges ;

4° L'abatage ou l'élagage des arbres bordant les routes, sans l'autorisation du préfet.

V. *Hativet*, p. 303.

SECTION 3.

187. — ACCIDENTS GRAVES.

Les gendarmes préviennent immédiatement leur commandant de tous les évenements graves qui jettent l'émoi dans les populations, tels que incendies, inondations, éboulements dans les mines, etc.

Ils doivent dresser procès-verbal de tous les faits qui, présentant au premier abord le caractère d'un simple accident, peuvent être reconnus plus tard un acte criminel.

188. — MORTS ACCIDENTELLES

Quand la gendarmerie est avertie qu'une personne a été asphyxiée, écrasée, victime d'un empoisonnement ou de tout autre accident, elle se transporte sur les lieux avec un officier de police judiciaire et un médecin si elle peut s'en procurer. Si l'individu n'était pas mort, il faudrait employer tous les moyens possibles pour le rappeler à la vie (*L'instruction du conseil de salubrité de la Seine du 29 avril 1842 donne d'utiles conseils à cet égard*) : si on ne trouve plus qu'un cadavre, il doit être examiné minutieusement sur toutes les parties du corps. Il faut s'entourer de tous les renseignements possibles sur les causes, les motifs, la nature et les détails de la mort.

Il faut bien prendre garde de confondre un suicide ou une mort accidentelle avec un assassinat ou un meurtre.

Des assassins, pour faire prendre le change à la justice, pour faire croire à un suicide, suspendent à une corde le cadavre de leur victime homicidée par strangulation ; déposent ses habits sur le bord d'un étang ou d'un puits où ils l'avaient d'abord précipitée ; placent à sa portée l'arme dont ils se sont servi ; incendient la maison où le crime a été commis, etc. — Il faut examiner, pour les noyés, s'il existe des traces de contusions sur les parties du corps autres que la tête : pour les asphyxies par strangulation, si les moyens de suspension sont encore à portée du cadavre : pour les suicides avec armes, la position de l'instrument et surtout la direction de la plaie ; pour les empoisonnés, la manière dont ils se sont procuré le poison, essayer de découvrir la nature du poison, saisir les vases, bouteilles, enveloppes qui pourraient le contenir.

Si les moindres soupçons s'élèvent dans l'esprit des gendarmes, qu'ils soient partagés ou non par le médecin, ils doivent en faire part au procureur de la République immédiatement.

Le procès-verbal doit contenir les nom, prénoms, âge, profession, domicile, état civil, lieu de naissance du décédé, lorsqu'il est possible de se procurer ces renseignements.

Si le décédé est inconnu, il faut donner le signalement de sa personne et de ses vêtements, des papiers, des bijoux et de l'argent qu'il possédait sur lui; les objets qui peuvent servir à sa reconnaissance doivent être déposés entre les mains d'un officier de police judiciaire.

189. — SUICIDES.

Le procès-verbal doit contenir les mêmes constatations qu'il est dit ci-dessus : en outre, il faut toujours faire connaître le *motif* présumé du suicide et la *nature* des instruments qui ont servi à l'accomplir : pistolets, fusils, couteaux, etc.

190. — INCENDIES.

Quand la gendarmerie apprend qu'un incendie éclate ou a eu lieu, elle se transporte en toute hâte sur les lieux, prévient son commandant, et, en l'absence des autorités, fait exécuter les mesures d'urgence, porte secours aux personnes en danger, empêche les travailleurs de s'exposer inutilement, procède à tout sauvetage, empêche le pillage. Elle a droit de faire toutes les réquisitions nécessaires et doit dresser procès-verbal contre ceux qui n'y obtempèrent pas.

Elle doit s'attacher à bien se rendre compte de l'endroit par où le feu a commencé; elle entend à cet effet tous les témoins utiles, et quand elle a acquis la certitude que la malveillance et l'inprudence sont étrangères au sinistre, elle dresse son procès-verbal qui, en outre de la relation exacte de tout ce qui s'est passé, indique la disposition des lieux, la nature des objets ou bâtiments incendiés, les noms des propriétaires ou locataires, le montant des pertes et des assurances s'il en existe, l'état d'infortune dans lequel se trouvent les incendiés; enfin la cause certaine ou au moins probable de l'incendie.

CHAPITRE III.

Des mandats. — De leur mise à exécution.

—

SECTION 1re.

191. — MANDAT DE COMPARUTION

Les gendarmes chargés de l'éxécution d'un mandat de comparution se présentent au domicile de celui qui en fait l'objet; s'ils le trouvent, ils lui exhibent le mandat en original, lui en donnent lecture et lui en délivrent copie (*art.* 97 *C. p. d'inst. cr.*). S'il est absent, ils le notifient de la même manière, soit à un parent, soit à un serviteur, soit à un voisin, ou à leur défaut, au maire qui visera l'original. Le procès-verbal de notification et la remise de la copie doivent être dressés sans perdre de temps. Si le prévenu n'était pas disposé à obéir au mandat, les gendarmes ne doivent pas s'en occuper, mais il faut prévenir le procureur de la République.

192. — MANDAT D'AMENER.

Les gendarmes s'étant transportés au domicile de celui qui fait l'objet de ce mandat, s'ils le trouvent, ils lui exhibent en original le mandat, lui en délivrent copie et lui demandent s'il entend y obéir (*art.* 97 *C. inst. cr.*). L'acte de notification étant dressé, ils le conduisent même en employant la force devant le juge mandant (*art.* 99 *C. inst. cr.*).

Si le prévenu n'est pas trouvé, avant de se mettre à sa recherche, le mandat est notifié au maire, ou à l'adjoint ou au commissaire de police de sa résidence qui met son visa au bas de l'original (*art.* 105 *C. inst. cr.*). Si le prévenu est trouvé hors de l'arrondissement du juge mandant, il sera conduit devant le juge de paix ou son suppléant, à leur défaut devant le maire ou le commissaire de police du lieu, lequel n'a d'autre mission que de viser l'original sans pouvoir en empêcher l'exécution.

Si le prévenu est trouvé hors de l'arrondissement du juge mandant, à une distance de plus de cinq myriamètres du domicile de ce magistrat et le mandat ayant plus de deux jours de date, il sera conduit devant le procureur de la République de l'arrondissement, lequel le placera sous mandat de dépôt (*art. 100 C. inst. cr.*).

Le mandat est pleinement exécuté et le prévenu directement conduit devant le juge mandant quelle que soit la distance, si le prévenu est trouvé muni d'effets, de papiers ou d'instruments qui feraient présumer qu'il est auteur ou complice du crime qu'on lui impute.

La gendarmerie n'a pas besoin d'être porteur de l'original du mandat pour le mettre à exécution. Elle peut arrêter un individu sur la seule indication du mandat contenue dans la feuille signalétique du ministère de l'intérieur ou sur une copie du mandat ou sur un ordre transmis par dépêche télégraphique.

Prendre toutes les mesures de précaution pour éviter l'évasion avant de le mettre à exécution.

193. — MANDAT D'ARRÊT.

Les gendarmes doivent se transporter au domicile du prevenu et partout où ils peuvent espérer de le saisir. Ils doivent agir avec circonspection et prudence, afin de prevenir une évasion.

Le prevenu étant trouvé, on lui fait exhibition du mandat, on lui en donne lecture et copie, et il est conduit à la maison d'arrêt indiquée, où le gardien le reçoit et en donne décharge aux gendarmes qui signent l'acte d'écrou.

Si le prevenu est trouvé hors de l'arrondissement du juge mandant, même formalités à remplir que pour le mandat d'amener.

Si le prévenu ne peut être trouvé, les gendarmes notifient le mandat à sa dernière *habitation* et, accompagnés de deux voisins ou du maire, en cas de refus, y pénètrent et y font une perquisition minutieuse dont le procès-verbal est rédigé et signé par les témoins. Si les témoins refusent de signer ou ne le savent faire, mention en est faite. L'original sera ensuite visé par le juge de paix ou ses suppléants, ou à leur défaut par le maire ou le commissaire de police. Une copie leur en sera toujours délivrée.

Si le prévenu est inconnu, ou s'il n'a plus de domicile ou s'il ne s'y trouve personne, le mandat est notifié dans la forme ordinaire au maire, qui signe le procès-verbal dont on lui donne copie ainsi que du mandat dont il vise l'original.

Le mandat et le procès-verbal seront adressés au procureur de la République pour être remis au greffe.

194. — MANDAT DE DÉPÔT.

La notification de ce mandat est presque toujours faite à un individu déjà arrêté. Elle consiste dans l'exhibition du mandat dont on donne lecture et copie.

Si le prévenu n'était pas arrêté, voir ce qui est dit pour le mandat d'arrêt.

195. — *L'exécution des mandats peut avoir lieu la nuit comme le jour sur la voie publique et dans les lieux publics.*

On ne peut pénétrer que le jour dans le domicile d'un citoyen : du 1er octobre au 31 mars, de six heures du matin à six heures du soir; et du 1er avril au 30 septembre, de quatre heures du matin à neuf heures du soir, à moins que la personne visitée y consente. Hors ce temps, on doit investir la maison et prendre toutes les précautions nécessaires pour éviter l'évasion.

Pendant le jour, le porteur d'un mandat peut pénétrer dans le domicile d'un citoyen malgré son refus.

SECTION 2.

196. — EXÉCUTION DES JUGEMENTS DE SIMPLE POLICE ET CORRECTIONNELS, PORTANT CONDAMNATION A L'EMPRISONNEMENT. — DE LEUR MISE A EXÉCUTION.

Les gendarmes munis de l'extrait du jugement revêtu du réquisitoire du procureur de la République l'exhibent au condamné, lui en donnent lecture sans jamais lui en laisser copie, l'arrêtent et le conduisent à la maison d'arrêt dont le gardien leur en donne décharge.

Si le condamné n'est pas trouvé, il n'y a qu'un procès-verbal de recherches infructueuses à rédiger, lequel est adressé au procureur de la République sans faire aucune notification préalable

---

SECTION 3.

197. — CONTRAINTE PAR CORPS EN VERTU DE JUGEMENTS CIVILS OU DE COMMERCE.

Les gendarmes, munis de la grosse exécutoire du jugement, la mettent à exécution comme il vient d'être dit (V. *le numéro suivant.*)

198 — CONTRAINTE PAR CORPS POUR FRAIS DUS A L'ÉTAT.

La contrainte par corps demandée par un employé des finances ne peut être mise à exécution que lorsqu'elle est revêtue des réquisitions du procureur de la République.

Si le débiteur envers l'État, comme tout autre débiteur, demande à être conduit en référé, la gendarmerie doit y obtempérer sous peine de 1,000 fr d'amende. La décision du président est donnée par écrit et les gendarmes s'y conforment (*Art.* 786 *C. pr. c.* — *Art.* 22 *L. du* 17 *avril* 1832.)

Si le débiteur veut acquitter sa dette avant d'être écroué, il est conduit devant le receveur des domaines qui donne un reçu, lequel est remis au procureur de la République qui statue sur la mise en liberté.

Les gendarmes ne doivent jamais acquitter les dettes de celui qu'ils ont mission d'arrêter, soit de leurs propres deniers, soit au moyen d'une collecte. Ils sont autorisés à surseoir à l'incarcération dans le cas où des circonstances ignorées de l'administration des domaines paraîtraient devoir s'y opposer, sauf à rendre compte à qui de droit des motifs du sursis. (*Circ. min. de la guerre* 13 *décembre* 1858.)

Le débiteur ne peut être arrêté : 1° pendant la nuit; — 2° les jours de fêtes légales et de réjouissances publiques; — 3° dans les édifices consacrés aux cultes, pendant les offices seulement; 4° dans la salle et pendant les séances des autorités constituées; — 5° dans une maison quelconque, même dans son domicile, à moins que ce ne soit sur l'ordonnance du juge de paix qui, dans ce cas, doit se transporter dans la maison avec le porteur de la contrainte. (*Art.* 781 *C. pr. c.* — *L.* 26 *mars* 1855, *art.* 1.)

SECTION 4.

199. — CAS DANS LESQUELS LA GENDARMERIE PEUT ARRÊTER SANS MANDATS :

1° Toute personne prise en flagrant délit de crime (*art.* 106 *C. inst. cr.*);

2° Les individus faisant l'objet de signalements (*art.* 289 *D. G.*);

3° Ceux qui s'opposent à la libre circulation des grains (*art.* 295), qui font partie d'émeutes ou attroupements (*art.* 299), qui troublent les citoyens dans l'exercice de leur culte (*art.* 300), qui sont trouvés exerçant des voies de fait ou des violences contre les personnes (*art.* 300), qui outragent la gendarmerie (*art.* 301);

4° Les contrebandiers (*art.* 302);

5° Les individus qui coupent les arbres plantés sur les routes, promenades, chemins, fortifications ou dégradent les monuments qui s'y trouvent (*art.* 315), qui détruisent les rails ou obstruent la voie des chemins de fer (*art.* 315), qui interceptent les communications télégraphiques par rupture des fils ou autrement (*art.* 315), qui, conducteurs de voitures, résistent à la gendarmerie et continuent à obstruer les passages (*art.* 318); ils seront conduits devant le maire;

6° Les individus qui, par maladresse ou imprudence blessent des personnes ou commettent des dégâts sur les routes (*art.* 319), qui dévastent les champs et bois, dégradent les clôtures, haies, etc., commettent des larcins de fruits, etc. (*art* 322);

7° Les chasseurs qui se rebellent, font des menaces, donnent des faux noms, refusent de se faire connaître ou chassent pendant la nuit (*art.* 329);

8° Les individus qui tiennent des jeux de hasard et défendus (*art.* 322);

9° Les mendiants et vagabonds (*art.* 333).

CHAPITRE IV.

De la police judiciaire militaire.

---

200. — La police judiciaire militaire recherche les crimes ou les délits, en rassemble les preuves et en livre les auteurs à l'autorité chargée d'en poursuivre la répression devant les tribunaux militaires (*art.* 83 *L. du* 9 *juin* 1857).

Les officiers, sous-officiers et commandants de brigade de gendarmerie sont, dans ce cas, officiers de police judicaire militaire (*art.* 84).

En cette qualité, ils reçoivent les plaintes et dénonciations qui leur sont adressées, rédigent les procès-verbaux nécessaires pour constater le corps du délit ou l'état des lieux, reçoivent les déclarations des témoins, et se saisissent des armes, effets et autres pièces pouvant servir à conviction, en se conformant aux articles 31 et suivants du Code d'instruction criminelle (*art.* 86).

201. — *Droit d'arrestation en cas de flagrant délit.* Ils peuvent faire saisir les militaires et les individus justiciables des tribunaux militaires inculpés de crime ou de délit (*art.* 87). Hors le cas de flagrant délit, aucune arrestation ne peut être faite sans l'ordre des supérieurs militaires (*art.* 88).

202. — *Droit de perquisition ou de visite domiciliaire.* Les officiers de police judiciaire militaire ne peuvent s'introduire dans une maison particulière sans être assistés, soit du juge de paix, soit du maire ou d'un adjoint, soit du commissaire de police (*art.* 91). Chaque feuillet du procès-verbal doit être signé par le rédacteur et les personnes qui l'ont assisté (*art.* 92).

Hors le cas de flagrant délit, lorsque l'autorité militaire est appelée à constater un crime ou un délit dans un établissement civil ou maritime, ou à y faire arrêter un de ses justiciables, elle doit s'adresser à l'autorité civile, judiciaire ou maritime compétente suivant les cas. S'il y avait conflit, l'autorité judiciaire doit toujours assurer l'arrestation de l'inculpé (*art.* 89).

SECTION 1re.

COMPÉTENCE DES CONSEILS DE GUERRE EN ÉTAT DE PAIX.

203. — § 1. Tout individu appartenant à l'armée en vertu soit de la loi sur le recrutement, soit d'un brevet ou d'une commission, est justiciable des conseils de guerre permanents (*art.* 55 *L. du* 9 *juin* 1857) pour tout crime ou délit quelconque qu'il vient à commettre, sauf : 1° les infractions aux lois sur la chasse, la pêche, les douanes, les contributions indirectes, les octrois, les forêts, la grande voirie dont la connaissance est attribuée aux tribunaux ordinaires (*art.* 273) *et* 2° les contraventions de police et les infractions relatives à la discipline qui sont laissées à la répression de l'autorité militaire (*art.* 271).

§ 2. Les individus justiciables des conseils de guerre des divisions territoriales, sont : 1° les officiers de tous grades, les sous-officiers, caporaux et brigadiers, les soldats, les musiciens, les enfants de troupe, les membres du corps de l'intendance, les médecins, pharmaciens, vétérinaires et officiers d'administration; les individus assimilés à des militaires par des ordonnances ou décrets d'organisation, pendant qu'ils sont en activité de service ou portés présents sur les contrôles de l'armée ou détachés pour un service spécial; 2° les militaires et assimilés, les jeunes soldats, les remplaçants, les engagés volontaires placés dans les hôpitaux civils et militaires, ou voyageant sous la conduite de la force publique ou détenus dans les établissements, prisons ou pénitenciers militaires; 3° les invalides de tous grades inscrits sur les contrôles de l'hôtel; 4 les jeunes soldats laissés dans leurs foyers et les militaires envoyés en congé illimité, lorsqu'ils sont réunis pour les exercices et revues prévus par la loi; 5° les prisonniers de guerre (*art.* 56).

§ 3. Sont également justiciables des conseils de guerre, mais pour les crimes et délits spécifiés dans la loi du 9 juin 1857 au titre II du livre IV qui sont énumérés plus bas, les militaires et assimilés ainsi que les membres de l'intendance : 1° lorsque sans être employés ils reçoivent un traitement et restent à la disposition du gouvernement; 2° lorsqu'ils sont en congé ou en permission (*art.* 57).

Les jeunes soldats, les engagés volontaires et les remplaçants ne sont, depuis l'instant où ils ont reçu leur ordre de route jusqu'à celui de leur réunion en détachement ou de leur arrivée au corps, justiciables des conseils de guerre que pour les faits d'insoumission ou ceux spécifiés aux n°s 2 et 4 du 2° § ci-dessus.

Section 2.

DES CRIMES ET DÉLITS PRÉVUS PAR LE CODE PÉNAL ET DE LEUR PUNITION.

V. *leur nomenclature et les constatations qui doivent être faites, p. 15 et suivantes.*

CRIMES ET DÉLITS PRÉVUS PAR LE CODE MILITAIRE.

203. — On peut les ranger en deux catégories bien distinctes : ceux que les gendarmes ne peuvent jamais ou très-rarement être appelés à constater, qui vont être très-sommairement indiqués, et ceux qui se commettent le plus fréquemment, qui vont faire l'objet d'une nomenclature et d'observations plus étendues.

Première catégorie :

204. — 1° Trahison, espionnage et embauchage (*art.* 204 *à* 209);

2° Crimes et délits contre le devoir militaire (*art.* 209 *à* 217);

3° Révolte, insubordination et rébellion (*art.* 217 *à* 224) :

4° Abus d'autorité (*art.* 229 *à* 231) ;

5° Désertion à l'étranger (*art.* 235 *à* 238) ;

6° Désertion à l'ennemi (*art.* 238 *à* 239) ;

7° Bris d'armes, etc. Mutilation d'un animal employé au service de l'armée, etc. (*art.* 254) ;

8° Faux en matière d'administration militaire (*art.* 257 *à* 261) ;

9° Corruption, prévarication et infidélité dans le service et dans l'administration militaire (*art.* 261 *à* 266) ;

10° Incendie, dévastation ou destruction d'édifices, bâtiments, ouvrages militaires, magasins, chantiers, vaisseaux, navires ou bateaux à l'usage de l'armée (*art.* 252) ;

11° Destruction, incendie, lacération de registres, minutes ou actes originaux de l'autorité militaire (*art.* 255).

DEUXIÈME CATÉGORIE :

205. — Rébellion par des militaires envers la force armée ou des agents de l'autorité. (*Art.* 225, *Loi du 9 juin* 1857.)

Il faut avoir soin dans le procès-verbal de bien désigner les militaires qui ont pris part à la rébellion, d'indiquer leurs grades et de décrire les agissements de chacun d'eux; dire s'ils étaient armés ou non, s'ils ont fait usage de leurs armes, s'il y avait parmi eux des chefs ou instigateurs; si tous ou l'un d'eux étaient en état d'ivresse; faire connaître les motifs et les causes de la rébellion ainsi que ses conséquences.

206. — Vente de cheval, d'effets d'armement, d'équipement ou d'habillement, de munitions ou de tout autre objet confié pour le service. (*Art.* 244.)

Saisir toujours si on le peut les objets vendus. Rechercher les motifs de la vente. — Indiquer si le militaire a agi de son plein gré ou a été sollicité; dans ce dernier cas, s'efforcer de découvrir les complices. Désigner clairement l'objet vendu afin qu'on sache s'il fait partie du petit ou du grand équipement.

207. — Achat ou recel des susdits objets vendus par un militaire. (*Art.* 244.)

208. — Dissipation ou détournement d'armes, munitions ou autres objets remis pour le service. (*Art.* 245.)

Il importe de bien faire ressortir dans le procès-verbal les motifs qui ont porté un militaire à dissiper ou détourner ses armes, munitions, etc.

209. — Mise en gage d'effets d'armement, de grand équipement, d'habillement ou de tout autre objet confié pour le service. (*Art.* 246.)

210. — Achat, recel ou réception en gage des susdits objets par tout individu. (*Art.* 247.)

211. — Vol des armes, de munitions appartenant à l'Etat, de l'argent de l'ordinaire, de la solde, des deniers ou effets quelconques appartenant à des militaires ou à l'Etat. (*Art.* 248).

Indiquer si les militaires inculpés en étaient ou non comptables.

212. — Vol par un militaire au préjudice de l'habitant chez lequel il est logé. (*Art.* 248.)

213. — Pillage ou dégât de denrées, marchandises ou effets, commis par des militaires en bande. (*Art.* 250.)

Désigner, selon les circonstances, si le pillage a eu lieu avec armes, à force ouverte, avec bris de portes ou clôtures extérieures, avec violences envers les personnes; s'il y avait des instigateurs et des militaires pourvus de grades. Tâcher de découvrir les causes et les motifs du pillage.

214. — Meurtre par un militaire de l'habitant chez lequel il reçoit le logement, de sa femme ou de ses enfants. (*Art.* 256.)

Pour les constatations, V. v° Homicide, p. 80.

215. — Usurpation d'uniforme, costume, insigne, décoration et médaille. (*Art.* 266.)

Pour constituer ce délit, il faut qu'il ressorte du procès-verbal que le militaire les ait portés publiquement et sans droit ou sans autorisation du gouvernement pour les insignes étrangers.

216. — Désertion à l'intérieur. (*Art.* 231 *à* 235 *C. mil.* — *Art.* 336 *à* 342 *D. G.*)

217. — Insoumission. (*Art.* 230 *C. mil., modifié par la loi du* 18 *mai* 1875 *et celle du* 6 *novembre suivant.* — *Art.* 342 *à* 346 *D. G.*)

218. — Insoumission en Algérie. (*Art.* 32 *de loi du* 6 *novembre* 1875, *fixant les délais de l'insoumission.*)

L'art. 40 de la loi du 21 mars 1832 réprime le fait d'avoir : 1° recélé ou pris à son service un insoumis; 2° favorisé son évasion; 3° empêché ou retardé le départ de jeunes soldats.

Il faut indiquer dans le procès-verbal si le coupable était fonctionnaire ou ministre d'un culte.

219. — Voyageurs jeunes paraissant appartenir aux classes appelées. (*Art.* 345 *D. G.*)

220. — Militaire s'étant fait servir à boire et à manger sans payer. (*Art.* 401 *et* 405 *C. p.* — *Instr. minist. du* 22 *octobre* 1857.)

Ce fait constitue une escroquerie, aux termes de la loi du 25 *juillet* 1873.

Les tribunaux militaires appliquent les peines portées par les lois pénales ordinaires à tous les crimes et délits commis par leurs justiciables non prévus par le Code militaire.

V. *la nomenclature, p.* 15 *et suivantes.*

Pour ce qui concerne : 1° les militaires en congé (v. *art.* 348 *et suivants D. G.*); 2° les corps de troupe en marche (v. *art.* 352 *et* 353 *D. G.*); 3° la surveillance d[illegible] militaires marchant sans escorte [illegible] *art.* 355 *D. G.*).

Imp. [illegible]tey, rue S[illegible] Guillaume, 23.

www.ingramcontent.com/pod-product-compliance
Ingram Content Group UK Ltd.
Pitfield, Milton Keynes, MK11 3LW, UK
UKHW012226240726
13966UKWH00003B/982

9 782013 253673